融合有声

肖正章 主编

一本均衡教育之办学模式的样板书

一个党建工程之教育扶贫的示范例

汕頭大學出版社

编 委

序

一本记录突破教育难点的书

湘潭江声实验学校总顾问　肖正章

这是一本记录教育思考、教育行为、教育经验的书，也是一个党建工程之教育扶贫的示范例。

随着社会发展和国际交流的频繁，教育的重要性逐渐彰显，越来越多的人们开始关注并不断进行深度思考。大至国家竞争，小至县域经济发展的竞争，归根结底，都是教育的竞争，人才的竞争，而且每一个家庭的幸福和发展也离不开教育。作为一名在教育教学管理一线工作几十年的教育工作者，我深感教育的分量和办学的意义。几年前，我们的县委政府和教育局领导更是目光如炬，他们发现了县域教育问题的症结所在：湘潭县是教育强县，但只强在部分学校，整体一直存在“名校挤、农村空；民办强、公办弱”的难点和痛点。

2017 年 6 月，在教育局李鹏局长强力推进下，我校在学校党委决策下与云湖中学开展合作办学试点。一年后，试点经验总结得到县长段伟长高度肯定，并亲自批示。而后县委政府出台《湘潭县改革办学模式，推动教育均衡发展实施方案》，以“合作、融合、帮扶”的办学思路，“名校＋乡镇学校”“名校＋城区公办学校”的协同发展方式，全面推进办学模式改革。我校作为这一改革举措的试点校、派遣校和名校长工作室基地校，四年来，相继与 16 所学校融合、合作办学，通过一系列强有力的举措，取得了丰硕成果，惠及数以万计的师生和家长，为湘潭县的教育均衡发展做出了巨大贡献。目前已签订湘潭江声实验学校九华分校合作办学协议，探究县外合作办学模式，以进一步扩大湘潭县与江声的教育品牌影响力。

回望四年来，办学模式改革带来的改变主要体现在以下几个方面：

学校在改变。本着“共同成长”的理念，我校结合融合合作学校的校情，配置优势资源，实现资源互通共享，推进融合合作学校实现现代化管理，促使学校快速改变。学校的硬件条件首先实现改观：校园文化、崭新的课桌椅、学生校服、多媒体一体机、打印机、电脑等，均实现快速升级。管理团队实现改变。通过外派校长，我校先进的管理理念、教育教学模式辐射、输送到融合合作学校，实现双赢。外派校长也得到了极大锻炼，并通过他们提升了一大批融合合作学校的管理团队水平，达成发展目标。学校的育人理念实现改变。如我校与云湖中学试点时采用分层走班教学、开设丰富的校本课程供学生选择，这些优质的育人理念，在后来的融合合作学校都得到了坚持与发扬，受到学生、家长的高度认可。

教师在改变。江声输出的不仅是“牌子”，还有我校“教师”与合作学校“教师”的共生共长。（一）提供优质的培训。融合合作学校的班主任参加我校班主任能力提升培训班，教师参加我校举办的合作办学学校教师暑假培训班，学校行政人员经常参加我校行政会议并与我校行政结对交流，包括教研组的结对交流。老师们还参与我校集体备课，走进我校课堂听课，一起观课议课，一起听讲座，一起学习交流。（二）提供优质的送教交流。每学期，我校都开展送教活动，多名老师坚持每周送课到校，他们根据对方学生的实际情况重新备课、设计教学，并就对方学校老师们的教学问题、困惑开展深入交流。还经常开展“同课异构”和督导观课交流活动，用相同的内容，采用不同的设计和策略，探究实现高效课堂的手段、方法与技巧。（三）提供优质的结对。融合合作学校所有班级与江声优秀班级结对，开展系列班级活动，如：班管经验交流；赠送书籍、书柜、新书桌；同种友谊树；乒乓球赛、拔河赛、篮球赛、文艺表演等互动活动。班级融合中有班主任互动、科任老师互动、家长互动、学生互动，让融合合作办学更加具体深入。（四）提供优质教育资源。融合合作学校的老师无偿使用我校集体备课后的教案、课件，学生使用我校优质的教辅资料、试卷等。老师们随时都可以与我校的省市名师对话、交流。多措并举，融合合作学校教师的水平提升明显。以水竹学校为例，2019年全县杏坛之星赛课，我校骨干教师与水竹学校老师共同研究磨课，水竹学校共有16位老师荣获县一等奖，5人获二等奖，其中两个学科获得一等奖第一名，另有三人进入前三，创历史最好成绩。

学生在改变。组织融合合作学校师生到江声开展“手拉手”校园体验活动，学生身着新校服、教师身着新正装走进江声，参观校园，聆听励志演讲，走进江声课堂，近距离感受优质教育，这对学生文明素养养成、远大理想的树立和两校学生建立友谊、加深交流起到了促进作用。开展冬令营体验活动。融合合作学校的部分学生参加我校为期一周的冬令营活动，他们在江声校园里和江声学生一起训练、一起生活、共同作息，时间虽短，收获颇丰。学生综合素养和文化成绩得到提升。云湖中学、水竹学校两个学期的开学典礼我都参加了，感觉一期一个样，特别是学生的文明素养、整体风貌、学生代表的发言，让人耳目一新。在中考四个奖项中都获得了荣誉。获得了教育教学提高奖、中考优秀率及优生县内普高入学率一等奖、中考普高上线率二等奖、综合评价二等奖。

家长在改变。融合合作办学也给家长带来了变化。家长对办学模式改革给学校带来的变化高度认可，家长对当地学校教育信心显著增强，对教育发展不均衡的焦虑明显减少。同时通过培训和交流，家长的教育素养也显著提升。家长们认为通过融合合作办学，学校的设施、环境、教学都有了很大的改善，还有江声学校捐赠校服、图书、书柜，举办手拉手活动等，让孩子们收获了友谊，增进了师生情，最重要的是孩子们懂得了怎样去树立理想，实现抱负。现在学校的学习气氛很浓，孩子们在学习上你追我赶，老师们在工作上兢兢业业。所以，家长看到这些改变，他们也和学校积极配合，共同赋能。

当然，办学模式的改革也带给我们诸多的思考：促进教育均衡发展，是当前教育工作的一个重点，也是一个难点。其难，既有硬件改善之难，更有教育质量提升之难。而后者更难突破，不仅仅是时间的累积和资金的投入就能解决问题的。如何促进薄弱学校的改薄提升，是各级党委、政府、教育工作者、家长十分关注的问题。改革创新办学模式，让先进的理念、管理和优质的资源实现辐射共享，带动融合合作学校的快速崛起与发展，在全县已形成良好态势。合作办学引发了基础教育的“鲶鱼效应”，缩小了区域之间、城乡之间和校际之间的差距，实现了推动一校，带动一片的辐射作用。组建融合合作办学团队，带动区域内薄弱学校和新建公办学校共同发展，提高优质教育资源总量，让越来越多的孩子能在家门口上优质学校，可极大缓解家长的教育焦虑。合作办学已在数年的摸索之下，成为较为成熟、可推广的模式。可以说，融合合作办学，是县委政府和教育局结合我县教育实情，实现教育均衡发展、促进教育公平的一项创举。这一创举对于建设教育强县、办人民满意教育，意义深远。我们将继续努力，突破难点，实现教育愿景！

我校自响应政府号召，率先推进融合合作办学模式以来，学校就高度重视，不但党委会、董事会多次开会研究，校委会切实执行决议，而且学校督导室还成立了相应的督导组，采用定时督查和随机督查等多种形式，对合作学校的各项工作进行检查督导。每次督导有计划、有方案、有重点、有过程、有汇报、有反馈、有整改措施，真正做到帮扶有声、帮扶有方、帮扶有效。更重要的是，多年的督导，都有留痕，都有材料，都有提炼，都有升华，如今，也就自然编成了这本汇有“融合有声、融合有痕、融合有方”的集子。学校副校级督学何立军为此反复斟酌推敲，数易其稿，在付梓出版之前，我也认真审阅多次，感慨系之，遂提笔为序，以期与各位同仁共勉！

大家拿到这本书，细细品读，感受到的绝不只是情怀和智慧，执着与信念，更将得到教育行动、教育总结方面的指导，当然，我们期待有更多的同仁，对我们的教育有更深入的思考，更扎实的行动，更科学的提炼与升华。

目录

第三章 融合宣传 / 061

第一章
融合有声

从2017年开始，根据《湘潭县人民政府办公室关于印发〈湘潭县改革办学模式促进教育均衡发展实施方案〉的通知》，湘潭江声实验学校党委先后与16所学校进行融合合作办学。三年多时间，从融合学校的师生文字中，从各类活动的图片文字记载中，我们感受到江声融合合作办学所带来的成就与喜悦，虽然这些成就与喜悦带着泪水和汗水，但它的意义却超出了我们预期的想象，这些校长和老师为湘潭县实现县域优质教育资源共享，促进教育均衡发展做出了重要贡献，我们应该记住他们。

名校带动实现均衡发展
精准帮扶促进教育公平

湘潭江声实验学校校长　贺振华

一、共享高质量的教育是促进教育公平的关键

习近平总书记指出：教育是对中华民族伟大复兴具有决定性意义的事业。他在党的十九大报告中，把“优先发展教育事业”提到了前所未有的高度。要求“推动城乡义务教育一体化发展，高度重视农村义务教育，办好学前教育、特殊教育和网络教育，普及高中阶段教育，努力让每个孩子都能享有公平而有质量的教育。”

由此可见，“让每个孩子都能享有公平而有质量的教育”，是办好人民满意的教育的关键，是提高民生水平的重要内容，是真正实现教育的均衡发展。

“让每个孩子都能享有公平而有质量的教育”，有两个重要的关键词：一是公平。教育公平是社会公平的重要基础，要以教育公平促进社会公平。教育公平是实现人的全面自由发展的首要条件，是建设和谐社会的重要保证。因此，我们必须保证社会人人都享有受教育的机会，且人人都能公平地接受高质量的教育。二是有质量。共享有质量甚至高质量的教育，才是真正的教育公平，也是教育公平的核心要点。让更多的孩子共享有质量的教育，这才是实现教育均衡发展的关键。这就要求我们，要不断促进先进的教育发展成果、优质的教育资源更多地惠及全体人民，要不断优化教育资源配置，加强优质学校与薄弱学校的合作交流，逐步缩小区域、城乡、校际之间的差距。

二、创新帮扶模式是促进教育均衡发展的有力保障

实现教育均衡发展，长期以来一直是教育工作的一个重点，也是一个难点。其难，既有硬件条件改善之难，更有教育质量提升之难。而后者之难，更难突破，因为这不仅仅是时间的累积、资金的投入就能解决问题的。

我们湘潭县是教育大县。县域面积大，人口近百万，共有 17 个乡镇，辖内共有 10

所高中、1 所职高、60 所初中、135 所小学，因区域内交通和经济发展差异等因素，教育质量发展不一，区域间差距比较大。既有易俗河、石潭等教育强镇，也有云湖桥、茶恩寺等教育相对薄弱的乡镇。

湘潭县更是教育强县。在县委、县政府强有力的领导下，我县教育长期保持良好的发展态势：民办教育、公办教育齐头并进，形成了以湘潭县一中、江声学校、云龙中学、凤凰高中、凤凰中学、云龙小学、百花小学、天易小学、云龙幼儿园等为代表的名校集体群，同时还新建了子敬小学、天易水竹学校等一批优质学校。除了服务本地学生外，还吸引了湘潭市区、湘乡、韶山，甚至株洲、衡阳、娄底、怀化、邵阳等大量外地学生前来就读。正因为我县教育的优质，所以湖南省中小学校长会、全省民办教育年会、全省各学科教学竞赛、省国培班等系列大型活动也在我县相继举行，充分展现了教育强县的风采。然而，虽是教育大县，但农村薄弱学校仍有不少；不过我们是教育强县，名校众多。如何充分利用现有优质教育资源实现均衡发展，促进教育公平？这是个命题，也是个难题。

1. 牵手名校合作办学是教育均衡发展的有力创举

2017 年下学期，县委政府和教育局实施了一项举措：江声实验学校与云湖中学结对合作办学，精准帮扶着力打造云湖中学。本次合作办学突破以往帮扶的模式，不是什么名校送点课桌、设备、支教课就可以了，而是持续的、深入的帮扶。县教育局、江声学校委派江声校长助理到云湖中学担任校长一年，在原有教师、原有学生不变的情况下，研究名校管理与乡镇师生间如何深度融合，探索江声学校优质教育理念、教学资源如何辐射带动农村中学发展的新模式，促使云湖桥镇的教育发展实现新的突破。

（1）合作办学影响深广

发挥名校优质理念与资源的辐射作用，与乡镇中学共同发展，这一实现教育均衡发展的有力举措，产生了很大影响，家长、学生也十分认可和赞许这一创举。云湖中学自己办学也更有信心。2017 年下半年七年级新生的招生，当时 8 月 25 日前还只有 88 人报名，在大力宣传江声学校和云湖合作办学后，实际报到人数达 121 人。

（2）教师风貌积极向上

帮扶的这一年来，云湖中学的教师面貌焕然一新，行政人员勇于担当，敢于吃苦，在团队中起到良好的带头示范作用。老师们爱岗敬业，全身心扑在工作上，脚踏实地默默奉献，中午休息和放学后，绝大部分老师能义务辅导学生，好多老师还带病坚持工作。

（3）理念更新高度认可

云湖中学每周坚持开展特色校本课程活动，如英语会话、故事会、拔河、跳绳、手抄报、数学图案创意设计等，让学生在快乐中学，在活动中学。学校还坚持开设第二课堂，每周利用多媒体，播放优质的电视节目，如《我是演说家》《开讲啦》《中国诗词大会》等，以开阔视野，拓展知识，学生获益良多，家长也高度认可。

（4）教学质量稳步提升

教学水平大力提升，云湖中学四位老师参加湘潭县首届“新视野”教学竞赛，三人获一等奖，一人获二等奖。教风的改变，带来校风学风的改变。不认真上课、不文明的现象也少了，很多学生能主动学习，积极学习。学校根据学情，实施分层走班教学，效果也异常明显。在2017年期末考试中，九年级抽考由全镇倒数、全县靠后，跃居全镇第一，全县第20名。

江声学校与云湖中学合作办学试点研究，得到了县委政府和县教育局的高度肯定。今年6月，根据县人民政府统一部署，统一安排，我校又有四位校长助理被委派到茶恩寺、歇马、茶园、杨家桥四所中学担任校长。

四位校长走马上任，带去了江声先进的管理模式、教育理念和硬件方面的支持，从源头上改变了校风校貌。他们深入了解学校实际，分析所在学校的优劣，并制定了适合本校提升的详细行动计划，计划涉及到学校的方方面面，为学校的全面发展奠定了切实可行的基础。同时，四位校长依托江声优质资源，借助优势力量，取长补短，促使学校发生了实质性的变化。几所学校参照江声办学模式，积极开展各类丰富的师生德育活动，如学生科普实践、表彰报道优秀教师、“读好书，写好字，传经典”、重阳节敬老等活动让学校师生在活动中受熏陶、受教育。在2018年“欢乐潇湘·大美湘潭·莲乡大舞台”教育系统专场中，杨嘉桥中学的舞蹈节目《济癫乐》在我校音乐组老师协助指导下，绽放精彩，荣获乡镇系列学校的一等奖第一名。天易水竹学校参加县经典诵读比赛，获得全县小学组第一名。

2. 优质学校集团化建设是教育均衡发展的有效推手

随着推进教育公平、消除大班额政策的落实，湘潭县一中、江声实验学校、百花小学等优质学校的学位更加紧张，“择校热”将更加火爆。同时，湘潭市2017—2019年城区重点规划建设18所优质中小学，长沙、株洲近年也规划并建设了多所集团名校，教育竞争日益激烈。为缓解县内优质学校的学位紧张，防止优质生源外流，增强县域教育竞争力，促进教育优质均衡发展，让学生享有更加公平、更高质量的教育，我认为，实行集团化办学也是实现教育均衡发展的有效路径之一。在教育集团中实现优势资源共享、管理互鉴、教研联动，这样，优势互补，互促共生，促进教师、学生获得成长的动力，打开共同发展的新局面，起到“1+1 ＞ 2”的良好效应。在更大范围、更高层次、更深程度上实现教育的公平优质，真正办好让人民群众满意的教育，从而有效激发县域经济的活力。目前湘潭县一中成立了教育集团，将湘潭县九中纳入一中统一管理，师资统一调配，既解决了县一中因消除大班额的学位紧张问题，又确保优质生源留在湘潭县。

2018 年下学期，天易水竹学校也成为了江声教育集团的一份子，学校派汤颂校长助理担任天易水竹学校的校长。为快速提升天易水竹学校的教育教学水平，水竹学校基于江声制定融合方案，组织相关行政人员、部分优秀教师、班主任来我校参观交流，两校教师对相关专业问题进行了有效交流，促进了两校资源对接，充分发挥了优质教育资源的辐射效应，推进了教育公平，促进教育优质均衡发展，确保教育对县域经济的最大限度的激发。

三、创新教育均衡发展模式如何实现高质量和可推广

我认为，合作办学和集团化办学是促进我校城乡教育教学均衡发展，有力提高农村学校教育教学水平的一项创举。如何实现高质量和可推广，如何充分发挥名校的优势，辐射、引领、带动乡镇学校的发展，在具体合作办学、帮扶实践中，有以下思考与总结：

1. 一定要实现管理模式的输出

一是名校成功的第一要素是管理。名校成功的第一要素不是生源，而是管理。有好的生源未必就会成为名校。名校必定有好的管理，甚至形成了管理文化。管理是一切单位兴衰的关键。没有学校管理水平的提升，就谈不上学校教育质量的提升。几所合作学校校长十分重视学校管理的提升，从不同方面制定相关举措，致力于学校管理的系统化、规则化，保证了学校有序地开展。二是管理模式和管理文化的输出。江声学校与云湖中学在合作办学中注重抓班子建设。云湖中学不仅新吸纳肖映、黄蔚贞两位肯干事、能干事、活力足的中坚力量，同时借鉴江声经验，因需设岗，且新设立督导、教研、宣传、校本课程、社团活动等工作岗位，让教学管理经验丰富的扶玉华老师担任教研和督导工作，让黄蔚贞老师负责课程、活动和宣传工作，并大力推行“行政不是领导，是岗位与责任”的管理文化。行政人员人数不仅增加了，行政能力也明显提升，各项工作落实更到位。本期，学校定期安排五所合作学校的行政人员、教研组长参加学校行政会议，规划结对长期交流。肖正章董事长奔波于各所学校考察校情、针对性提出指导意见，同时定期组织五所学校的校长，听取阶段工作总结及后阶段计划，针对当前面临的困难提出可行的解决措施。

2. 一定要重视教育理念的更新

一是教学质量不等同于教育质量。理念决定方向，死抓应试教育永远成不了名校，

永远都谈不上高质量的教育，只会摧残孩子。以考试分数高低和升学人数多少来评判学校的好坏已明显落伍，特别是对于乡镇薄弱学校。这一定位，这一认识十分重要。将来，学校间的竞争与差距不在于教学质量，而在于教育质量。老百姓越来越呼吁真正的优质教育，让孩子全面发展、个性发展的教育。乡镇学校的教育一定要根据校情、学情开展适合孩子的教育。二是要进行教育理念的更新。要注重对教师进行理念更新。利用各种会议进行宣讲，并学习先进管理经验和教学理念，使教师明确教育者的责任使命、情怀担当，要热爱教育事业、热爱孩子；使教师认识到教育要关心人的发展，要大力开展个性特长教育、扬长教育、职业规划教育、生活能力教育、非智力因素教育。江声学校曾邀请云湖中学全体师生到江声进行励志游学活动，体验特色艺体课和校本课程。这样的交流活动，打开了云湖中学师生的眼界，加深了对教育的理解和认识。后期，歇马等四所学校也将陆续组织师生来江声参加游学活动。

3. 一定要重视教师的提升培训

一是培训是教师最好的福利。教师的专业性是很强的，教师职业是最需要终身学习的职业，教师专业成长离不开培训学习。培训学习是教师最好的福利，也是学校发展最大的动力。任何办教育的人都要深刻认识到一点。今年 8 月，在我校组织的新聘教师和新任江声班主任能力提升培训中，茶园中学、茶恩寺中学、歇马中学、杨嘉桥中学派出了 37 位老师也参与了此次培训，促进了教师的共同提高。二是提升培训要持续深入。培训学习不能搞突击，不能搞形式，一定要持续发力，深入开展。我们要从行政管理、班级建设、课堂教学、课程建设等各方面有规划、有针对性地进行培训。江声学校、云湖中学合作办学以来，分批派行政人员、班主任、各年级科任老师到江声培训、学习，同时参加江声学校的各类国培班、省级赛课、教学视导等活动，老师理念更新，教学水平极大提升。江声学校还选派优质教师分批次到云湖中学送课交流，选派 20 多位获得各级赛课一等奖获奖者长期到云湖支教。今年则派出 50 名青年优秀教师到四所合作学校开展持续一至两年的支教活动。

4. 一定要注重教学资源的共享

名校的教学资源是许多名师日积月累的精华，并在实践中不断完善，具有很强的适应性和实用价值。名校一定要注重开发和积累自己的教学资源，并出版发行，同时帮扶中一定要共享。江声学校将各教研组最优质的教案、课件、资料分享给各个合作帮扶学校，老师们再根据江声集体备课的教案、课件结合自身学生的特点进行修改。在帮扶云湖中学过程中，江声学校还为每位云湖学生无偿捐赠了所有科目全套的教辅资料，有力提升了教学水平与课堂实效。

5. 一定要注重条件改善、文化建设

环境育人、文化育心。合作办学、精准帮扶一定要注重学校办学条件的改善和文化的建设。在帮扶期间，县政府、教育局还将云湖中学列为标准化学校建设2018年建设项目，计划投入1380万元改善学校办学条件。为了落实帮扶政策，江声学校为几所学校捐赠了1200套新塑钢课桌，为了让学生享受江声优质的教学资源，给每间教室配备了多媒体一体机，给每位老师量身定制了工作装，给每位学生统一定制了校服，并请公司对款式进行专门设计，这些都有力地提升了合作帮扶学校的办学档次和办学品位。

可以说，名校牵手乡镇学校合作办学、精准帮扶，是县委、县政府、县教育局结合我县教育大县、教育强县特点，实现教育均衡发展，促进教育公平的一项创举。在合作办学试点实践过程中，充分证明了其价值且总结了可推广的经验。名校带动，合作办学，精准帮扶，实现融合，让乡镇学校在管理、理念、师资、环境、文化上均得到大力提升，让乡镇孩子都能在家门口享受到有质量的教育，这一教育改革举措对于建设教育强县，办好人民满意教育，意义深远，责任重大。

我认为江声实验学校作为县委县政府重点建设的品牌学校，要主动担当社会责任，主动输出学校的管理文化、理念文化、优质教育教学资源，除了发挥引领示范作用，更要发挥辐射带动作用。同时，我县还有县一中、云龙小学、云龙中学、凤凰中学、百花小学等一批优质学校，都可以主动作为，承担带动和帮扶的责任。如能在全县全面铺开并推广“名校带动—合作办学—精准帮扶”这一办学模式，我县的教育均衡发展一定会取得重大突破，对县域经济的发展一定会起到强有力的推动作用。

2018年10月19日

致敬，融合合作办学的践行者

湘潭江声实验学校党委委员、副校级督学 何立军

今年是融合合作办学的第四个年头。在这四年里，按照学校党委的要求，我和我的督导团队走遍了江声融合合作的16所学校的各个角落，与各所学校的老师、学生都进行过各种形式的交流，形成的督导文字近10万余字，内容涉及与江声融合合作以后校园文化建设、教育教学理念的改变、师生状态、学校的卫生、家长意见反馈、派驻校长在融合合作学校的工作情况、所取得的成绩及影响力等，我们见证了派驻的融合合作学校校长们的成长，目睹了他们工作的艰辛，了解到他们从被怀疑到充分认可所经历的种种。

2017年，我第一次到汤颂校长所任职的我们江声融合的第一所学校云湖桥时，没有我理想的乡村学校周边环境的山清水秀，进门的绿化带让我想起这所学校当年曾有的辉煌，但现在因为缺乏维护，杂草丛生，老师们看着我们的眼神有些淡然，教室的课桌椅陈旧，破了的就堆放在角落，厕所是旱厕，曾经向往乡村工作的我热情递减，我当时就想，我们的汤校长如何让这样的学校崛起呢！

几个月后，我再次踏入此校，我们通过听课、找学生交流发现汤校长通过他和我们江声团队的努力，师生着上了我们学校捐赠的校服；破旧的课桌椅已经换成了我们学校赠送过来的新桌椅；受我校支教老师的影响，云中教师的课堂理念有所更新；学生使用的是我校无偿分享的《江声乐园》等等，从多个方面实现了融合学校与我校的资源共享，尽力实现着教育的精准扶贫。在后面教育教学工作管理中，随着汤校长一项项工作的改革、落实，在2017年期末评价中，九年级由全镇倒数、全县靠后，跃居全镇第一，全县第20名；2018年毕业会考成绩也跃居全县前列。

由于第一年融合合作办学的成功影响，县人民政府和教育局要求我们学校要承担更多的促进县域教育均衡发展的责任，所以2018年我校又增派三名行政前往乡镇学校担任校长。为了促进融合合作学校更好地发展，更全面地享受我校的优质教育资源，学校党委决定每期由督导室牵头组织教研组长、骨干教师、行政定期对融合合作学校进行督

导，就教育教学工作进行融合交流。

江声老师的任务本就很重，去融合学校进行教育教学交流必须在安排好校内工作后才能参加，所以每次组织团队去融合学校都是很不容易的，大家也很珍惜每一次活动。每到一所学校总是不顾旅途劳累，茶都顾不上喝一口就开始听课或与老师交流，倾心指导老师们的教育教学，讲的内容都很具体，如中考如何根据学生情况进行复习、教学中有哪些新理念必须注入等。督导团队一次一般要到两所学校视导，所以早上 7 点左右就得出发，中午没有休息，工作量都挺大，但我们的团队成员从没有说过累，总是分享着我们工作过程中所收获的感动，如融合学校老师面对那些基础特别差的学生的坚守、那些老师如何求知若渴、乡村学生如何朴实等。

除了教学交流，我们督导室还会在每期期末时对各融合学校进行督导评估，收取师生意见，查看一期来学校各项工作所留下的痕迹，于是很多时候我们都是在一年里最热或最冷的时候到达各学校的。2020 年 7 月 14 日，我们从锦石到花石再回到河口，那天室外温度达40度左右，可是河口中学却处于停电状态，在莫国强校长有条不紊的指挥下，我们得以顺利地进行听课调研，查看各项资料，找师生交流，了解情况，河口中学的校园环境仍然保持得很好，连垃圾桶都抹得干干净净，师生们仍然很认真地配合着我们的督导工作，我们虽然都是满头大汗，但这些汗水似乎冲刷了疲劳，留下的是感动和欣喜，我们觉得我们的工作有着无上的意义与价值，也愈发珍惜江声的工作！

还有后来到中路铺中学，因为那天是中考前夕，大部分老师都外派了，我们要交流的人员只有冒着酷暑从外面赶回，我顿觉歉意，但他们却都是很虔诚地和我们分享着艾正强校长在那里工作的种种感动，如六月天学校停水期间，艾校长利用人脉借水车拖水到学校，让师生能够按时洗澡；中考前夕学校停电期间，因为天热学生完全可放假回家，他却坚持让学生留校备考并借来发电机改善条件。

2021 年 1 月 7 日，天空飘着雪，这既是 2020 年（农历年）的第一场雪，也是 2021 年的第一场雪，老公一再交代那天最好不要出远门，但是我们还是如期出发，因为放假在即，再往后推时间就不妥当了。到达锦石，金城校长在风雪中带着我们督查校园，然后与师生交流与江声融合合作后带来的变化，以及以后的期望，因为金城在这里工作表现突出，锦石中心校要求他连任三年。看着有着两个幼儿的金城，在风雪中显得有些沧桑，我眼睛有些湿润了。随后他又自愿同我们一起冒着风雪赶到严冲中学。严冲中学是一所九年一贯制学校，由于地理位置的偏僻，让本有着深厚文化底蕴的学校有些沉寂，原有校长张勇很有思想和能力，所以不管生源怎样，他仍在坚守，也争取到江声的支持，他是自愿要和我们谈融合合作办学工作的。说到我们学校派驻的刘镔校长，他从三个

“细”=“精细管理学校的每一项工作”“细致关注学校的每一科目教学”“细心关怀学校的每一位师生员工”娓娓道来，不着笔墨，但思路清晰，我想如果不是刘校长的工作真正打动了他的心，他是不会如此地侃侃而谈的，他恳切希望刘校长坚守至少三年。

罗芳阳校长去镇一中和梅林中学参与融合合作办学一直是出乎我意料的事，这个美丽的、看上去有些娇弱的、浪漫的语文老师，她毅然挑战这项艰苦的工作，让我从内心佩服，不管是在镇一中还是在梅林中学，她都用她的实际行动去履行自己的责任，争取各项资源、指导老师职业规划、激发老师激情、重新规划校园等等，其工作成效让我汗颜。

50多岁的王镜芳校长从融合合作学校——花石中学干到偏远地区的较场中学，离家越来越远，工作越干越有特色，过程酸甜苦辣，我们是能够体会到的，但他总是表现得那么乐观向上。还有程化虹校长比镜芳年龄更大，在两所融合合作学校虽然担任的都是副校长，但他不计名利，把两所学校的后勤食堂工作管理得出色，让师生满意。

刘雄校长虽然已调到贵阳工作，但我想他在茶恩寺中学所经历的种种，所付出的一切都会成为他人生中最珍贵的记忆，我们也会记住他所做的贡献。

在四年的融合合作办学时间里，我虽然没有直接到学校去上课、去管理学校事务，但派驻校长经历的种种，肖正章董事长每期为融合合作学校工作的亲力亲为指导，贺振华校长对融合合作办学各项工作的督促，江声支教老师的现场教学，江声其他老师为融合合作办学无私奉献出自己的课件、资料，还有我们督导室全体成员所做的调研报告，都成为推动湘潭县融合合作办学工作的巨大力量，留下了促进均衡教育发展的利国利民佳话，我相信，这一切都会载入湘潭县的教育史册。

第一章

融合有声

山外有青山

湘潭江声实验学校督导室 易素玉

每年的江声中学招生季，因为学位有限，总是几家欢乐几家愁。总有孩子和家长因为能入学江声而欢呼雀跃，而更多的则是失落：“我家孩子要是能考上江声就好了，江声是名校，有最优质的教学资源、严格的管理、最好的教学条件，孩子将来会更有发展。老师，还有什么办法可以入学吗？”

顺应群众的呼声，县教育局决定由我校派驻校长、支教老师前往县内各乡镇学校进行融合办学。这项决定不仅缓解了江声的入学压力，同时又可以实现均衡教育，真是一项一举多得的教育创举！

当我第一次听到校领导说我校与乡镇学校融合办学，督导室将要去合作学校进行工作督查时，心中便暗自揣摩：我们的派驻校长到任后，会不会遇到阻碍？工作能顺利开展吗？融合办学能达到预期的效果吗？

督导第一站是青山桥的“歇马中学”。都说青山桥是湘潭县的“西藏”，因为那里地处偏远，所以有“青山不青、石鼓不响、歇马不跑”的俗语。上高速，转乡道，在2018年冬最冷的那一天，督导组一行来到歇马中学。莫国强校长笑意盈盈地早早地在校门口迎接，进入会议室不久，一个声若洪钟的魁梧汉子风尘仆仆地从外赶来，热情地打着招呼，那是歇马中学的原校长曾鹏翔。莫校长谦虚又亲热：“师傅，您和何校长交流一下工作，我安排教师座谈会、检查教案、陪同查看课堂教学情况怎样？”一切都是那么的和谐。我没有从曾校长脸上看到任何的不快表情，也没有从莫校长脸上看到任何为难的神色。交流中，曾校长也直言不讳：“说实话，当初派江声的校长来我校时，我内心是有点抵触的，我并不是一个不称职的校长，也不是没有工作能力，为什么还要另派一个校长来呢？后来我想通了，这是为了我校的发展，为了与名校缩小差距，传送优质的管理理念及教学方式，并不是否认我的工作，这是一件对学生和学校都有利的事情，为什么我们不齐心协力把它做好呢？”这是一个真诚的、有教育情怀、胸怀宽广的汉子！正因为两校长的同心协力，歇马中学教室里便有了如同江声一般的班级建设；有了整齐的课间操；有教室后排积极听课做笔记的青年教师；课间排练迎元旦舞蹈的快乐的孩子们，以及仰着小脸用方言追着问老师题目“这个是嘛噶（什么）意思？”的学生。其时，江声精神已经在生根发芽。莫校长在营造团结、和谐氛围的同时，已润物细无声地传递了江声积极向上的理念、优质的管理模式，教会了孩子们明确学习方向，充实了他们的灵魂。

一年后，再因督导工作与莫校长相见时，已是在与江声融合办学的河口中学。与歇马不同，河口中学是一所离城区较近的学校，规模较小，只有初中部三个年级共 6 个班，人数还不足 300 人。不大的校园，充斥着满满的文化气息，学校宣传刊以及图文并茂的文化墙掩映在绿草与树木中。教室里上课的师生心无旁骛。走在校园各处，看不到一丁点儿垃圾，办公室、教室桌椅、办公用具摆放齐齐整整，你可以放肆穿梭其中，不用担心双手会摸到走廊扶手上的灰尘，也不用担心衣服会因为大幅摆动而不小心在哪里沾到污垢，因为学校里面实在太干净了，连露天的垃圾桶都不例外。莫校长脸上仍然带着和和暖暖的笑容，与学校负责行政的一起对工作进行着介绍。分管德育的行政一边讲着他们的管理举措，一边打开了学生寝室的大门。宿舍楼地面、走廊都用红漆漆过，没有任何杂物，也不见一个脚印，像铺上了红地毯一样，让人不忍踩上去。学生的被子折成了方块，鞋子整整齐齐放在置物架上，便盆刷洗得洁白，寝室没有一点儿鞋臭之类的气味，倒是有一点洗涤剂的香味。这与想象中的乡村学校宿舍脏、乱、差是大不一致的。莫校长说，乡村条件有限，夏天寝室没有空调，孩子们热得睡不着，有时就直接铺张席子在走廊上睡了。我绝对有理由相信，这样干净的环境，即使不铺席子，人也可以直接睡上去。也许一想到农村的孩子，很多人都会在脑海里浮现出他们衣着邋遢、住所凌乱、胆小怯懦的形象，但是你看到河口学校的孩子们，身着整齐的校服彬彬有礼地打招呼，整洁的学习生活环境，良好的课堂状态，眼睛里透出来的自信光芒，你就会坚信，只要有良好的教育与引导，他们和城里的孩子一样！

我始终认为，教育不仅仅是看学生取得的学习成绩，更重要的在于育了什么样的人，有没有教孩子们学会以积极、乐观、向上的姿态生活，成为一个受人尊敬的人。当一个人内心丰富了，有了坚定的信念、良好的习惯、拼搏的精神，树立了正确的世界观，就是教育的一种成功。譬如，无论在怎样艰难困苦的条件下，还能讲究环境卫生、衣着整洁，言行得体，这，就是在培养一种高贵的品质！

感谢融合办学，使孩子们受益，也让我学到了很多！

为她点赞

湘潭江声实验学校督导室 郑城乡

她，小巧玲珑、温文尔雅、美丽又大方，但干起工作来却不愧为“巾帼英雄”——她就是我校中学高级语文老师罗芳阳，是我校融合办学的八位校长中唯一的女校长。别看她表面柔柔弱弱，但工作时的她雷厉风行，受到领导、师生们的高度赞扬。

2019 年，本可以享受优越生活条件、优质教学资源的她，主动报名与刘镔校长、程化虹副校长一起，到原易俗河镇一中，把已停办两年、一切从零开始的学校办起来。把来自不同学校的老师凝聚在一块，把在艰难中新招入的七年级学生带得既文明守纪、积极上进，又活泼开朗，在教学资源匮乏、条件简陋的情况下，把新恢复的易俗河镇一中办得风生水起。

2020 年，她又自告奋勇到了梅林桥中学。第一次走进学校，看到一派萧条的校园，她二话没说，就风风火火地行动起来，亲自动手开“荒”种绿。娇小的身躯深深感动了老师们，大家一起动手很快就完成了“开荒”任务，美化了学校。整个过程中，她自己联系小货车，自己出钱去义乌小商品花卉市场选购几千元的花苗，然后亲自领老师们把花花草草栽种好，同时向老师们寄寓“栽下无限希望”。

半年时光里，她还带领老师们提高业务能力，指导他们写出高质量的论文，并不辞辛苦地为老师们修改、推荐发表。另外，通过一系列的师师互动，唤醒、点燃了老师们的自信与激情，引得老师们一个个撸起袖子加油干。她为乡村教育奉献留下的点点滴滴感动了许多人，也为求知若渴的乡村孩子们送去了希望。

合作办学，互利双赢

歇马中学曾鹏翔校长

今天是个特别的日子，心中充满感激。

一晃经年。江声对歇马中学的帮扶又开始做总结了。回想起去年八月，肖董把国强送过来支援的那一天，我站在校门口迎接，至今还清晰地记得肖董极简的谈吐中透着气质，“这学校，对于这里的孩子们来说，它不偏僻”，至简的话，蕴含着至深的理。它让我第一次真正感知有气质的人的那份与众不同。

感谢江声对我镇的人才帮扶。特别是给我们送来了一位德才兼备、卓尔不群的校长。国强原是石鼓人，过去就很优秀，通过江声这个人才熔炉的培养与锻炼，眼界更开阔，工作决策部署当机立断，又能广泛听取群众意见，深得全体老师敬佩和学生的尊重。一年里，学生风貌有耳目一新的感觉。在我心中，有两件事印象深刻：一是组织全校师生一起做课间操，一是组织初三年级听环境卫生宣讲活动。这两件事，让我看到了江声所提倡的素质，在我镇歇马中学学生身上得以体现。一年来，国强牺牲小我，克服困难，来到离故乡近但离家远的歇马中学，大概是“近乡情更怯”，国强急于报效家乡吧，他做事尽心尽力，以身作则，以自己所学，感染并带领歇中师生创书香校园、师生游学江声、改善办学条件……做事，他嫌时间太短；温情，同事们更嫌与他同事太短。耳濡目染，肖董的气质似乎也传染给了国强。虽只同事一年，话别，总是令人伤心，与国强话别，真的是特别的不舍……

感谢江声为山区孩子所带来的游学活动。游学活动及与江声同龄孩子的交往，让歇马中学全体学生开阔了眼界，看到那些本就优秀的同龄人，却比自己更努力的状态鼓舞着他们。我想，这样的活动，孩子们会铭记一辈子，也将积极影响他们一辈子。

合作办学，合作是形式，共赢才是目的，才是领导们的初心。一年的合作，促进了均衡，锻炼了校长，提升了老师，受益了学生，感动了家长，收获了未来。我个人认为，这是一件实实在在的好事。

最后，感谢县教育局出台的这项好的政策。为建立更优质均衡的城乡教育，领导们在创新，在努力。我们最基层的教育工作者也深受感染。“九层之台，起于垒土；千里之行，始于足下”。均衡教育，不是一朝之功，领导们“功成不必在我”的境界和“功成必将有我”的担当，多年以后将见成果。江声中学的一年帮扶，起到了造血的功能，要进步，先消化，再发展，关键还得靠自己。我们也会将习主席的“无我”精神发扬，尽心工作，尽职尽责，不负人民重托。

“风乍起，吹皱一池春水”，合作办学，带来的是创新，是变化，是鲶鱼效应，是活力四射！帮扶终得有终点，只望，制度建设，发力持续不断。合作形式没了，牵挂关心不断；校长走了，情感绵延不断。

江声校园内流传着这样一句话：“珍惜在江声的日子，我们的未来与别人不一样。”请允许我这样修改一下，作为我对一年合作办学的理解：“珍惜合作办学的日子，我县教育的未来与别人不一样。”

传递温暖 不负使命

湘潭江声实验学校化学老师 彭娜

我是一个土生土长的农村姑娘，是乡村教育的受益者。所以去茶园支教，我有种回到母校的感觉。看到那些孩子们，我就想到了曾经的自己。所以，每次支教前，我都会提前了解学情，认真备课，竭尽所能，力求给同学们呈现精彩的课堂。

当我发现我支教的茶园中学 166、167 班的孩子大多胆小，不自信，我就在课上就努力营造民主、快乐、宽容、和谐的氛围，层层启发他们，不断鼓励他们勤于思考，勇于表达。

当我发现支教学校学生中有一部分缺乏学习目标和动力，我就跟他们分享我的成长和求学经历，包括我的一些优秀的同学、朋友的经历，让他们相信知识是可以改变命运的，鼓励他们树立目标，勇敢追梦。

当我发现支教学校学生的学习资源不足，我精心准备一些化学实验，搜集一些有用的视频资源，设计一些课堂小游戏，丰富孩子们的学习活动。

看到孩子们在我的课堂上那么认真，投入，得知他们每周都期盼着见到我，每次课前课后都有男生主动给我提实验篮子，有女生拥入我的怀抱告诉我她今天生日，并塞给我一根棒棒糖，这一幕幕都让我感到无比的幸福。还有支教路上同行魅力女神肖静老师一次次的保驾护航、艾正强校长和茶园老师们热情的接待和悉心的关怀。艾校长每次都叮嘱我们来回路上注意安全，每回提前到了教师办公室，总有老师递给你一杯热气腾腾的茶水……点点滴滴都让人觉得无比温暖。支教的时间虽短，却让我收获了太多感动。

在支教活动中，我也深感农村中学领导和老师们的艰辛和伟大。他们虽然面临着经费不足、生源相对落后、教师工资待遇偏低等困难，但各校的领导、老师们却无怨无悔，甘于清贫，肯吃苦，乐奉献，把大部分的精力和心血都倾注在学校的教育事业上。这种高度的社会责任感和对教育事业的奉献精神深深地打动了我，鞭策着我不断努力地去做好支教工作，也让我更加懂得珍惜当下在江声的工作和生活。在我享受着作为江声教师的幸福时，更加懂得去肩负一个教育人的使命和责任。

最后我想说：几个人、几堂课，也许改变不了多少。但我们有一份爱，传递给孩子们的是温暖。我们有一份责任，传递给孩子们的是希望。我们是教育的使者，我们有责任和义务将江声“向善向上”的力量传递下去。新学期，我们又将开启新的支教征程，我们一定不辜负各位领导的期望，在支教岗位上认真履职，出色地完成工作。

选择支教，便选择了责任

湘潭江声实验学校语文老师　李浪

我从 2019 年上学期申请支教，已经走过了三个学期，这一年半的工作和表现能够赢得学生的喜爱，得到受援学校的肯定，受到同事的好评，于我而言，是莫大的安慰！我自己在支教的同时也得到了提升，无论是在思想上，业务上，还是在人际关系方面，我都获益匪浅，碰撞出许多体会和感受：

一、提高站位，促进交流

自从踏进支教校园那一刻起，我就没有把自己当作一名“流水教师”，而是以高度负责的主人翁精神，在每一个平凡的支教日子里默默耕耘。我深知，我是江声人，我的头上有着江声的光环，我代表的是江声的形象，我要把江声的优秀理念和奉献精神传递出去，同时，我也是外派校长的娘家人，我希望能尽我所能为之带去一丝温暖，提供一点助力。为达使命，我恪尽职守。

2019 年下学期我支教花石中学，众所周知，这所学校比较偏远，第一次去的时候，原定充当司机同事因临时有事去不了，而我们又是第一次去，为了避免迟到，我和肖争乾老师在食堂匆匆吃完午餐后，自己打车到了那里，离上课还有一个多小时，我们并没有选择休息，而是主动设法找到对接老师，进行了详细的交流，力求尽可能全面了解学校和学生的情况。那天，我在上完第五、六节课后，没有选择马上返校，而是在第七节和对接老师又进行了具体的交流。她告诉我，她是本学期来的花石中学，而且是英语专业毕业的，对于语文教学工作有很多困惑。而且之前在学校办公室工作，没有进过教室，更缺乏课堂教学的经验，看着她那虚心求教的年轻面容，我为之动容，尽管自己也还不够优秀，也唯有将自己有限的相关学科知识和课堂教学经验“倾囊相助”。在我回校后，我们还经常微信交流探讨，我都做到了坦诚相待，有问必应。有朋友问我，你为什么要这么卖力呢，不就是去别的学校上几节课吗？现在回想起来，我以为那正是江声追求卓越，乐于奉献的精神浸润了我，鞭策着我！

二、精心备课，做好示范

乡镇中学的孩子与我们的孩子肯定有所不同，我必须根据学情调整自己的教学，才能取得实效。因此，每次去支教前，我都会反复打磨自己的教学设计，我要力求考虑到每一个问题能否激发每一个学生的学习兴趣，激活学生的思维，争取做到“因材施教”，课堂有实效，学生有收获。我记得有一个男孩子在下课后就在教室外叫住我，轻声地跟我说：“老师，我以前从来没有在上课发过言。”看着他腼腆的笑脸，我突然产生了一种为人师的幸福感。其实，我在课前就观察到他比较内向，所以在课堂上我一直关注他，不断地去鼓励、启发他，我没想到，就是这平时教学中最平常不过的一个眼神、一次鼓励，竟然让他把站起来发言的第一次经历奉献给了我的语文课堂。面对孩子们渴求的目光，我有什么理由不给他们机会？有什么理由不尽心尽力呢？在花石中学一年的支教工作中，我总是尽可能地选择教不同的文体，希望能为受支教学校的学生和老师略尽绵薄之力。我总告诫自己：这堂课我没有辜负学生，没有辜负自己，更没有辜负学校！

也许我们会觉得支教工作非常辛苦，确实，我也有同感。要在本就紧张的工作之余，奔波于两所学校和学生之间，倍觉辛劳。但是，我们没有叫苦叫累，而是进行了自我调整，换一种心态来面对，我们便收获不了一样的心情。记得去茶园中学的时候，能听到李智伟小帅哥、李军“小鲜肉”的各种奇闻轶事，也能和优雅的邓丽姐在油菜花中徜徉；去花石中学的途中，有和聪聪、思圆赏荷、买榴莲的美好经历，每当那时，工作的压力顿时飞到了九霄云外，便觉得生活原来是如此美好。这何尝不是我们支教老师的小确幸！

选择支教，我便选择了责任；选择支教，我便选择了奉献；选择支教，我也就选择了收获！在以后的支教工作中，我会更加努力工作，不辜负江声组织和领导的厚望，认真履行职责，以严谨务实的治学态度，追求卓越的江声精神，彰显江声教师的人格魅力，圆满完成支教任务！

感恩有您
一路同行

——致敬杨嘉桥中学第一校长刘金城

杨嘉桥中学 卢凤英

“带着一个非常干净的想法，来做一份非常崇高的事业！”犹记得2018年8月18日上午江声肖正章董事长亲自护送刘金城老师赴杨嘉桥中学任职第一校长见面会上刘校长铿锵的就职宣言！

转眼，为期一年的任期即将结束，回顾这一年时光貌似短暂，然而刘金城校长却已给杨中留下了满满的美好印记！

一年来，刘金城校长秉承合作办学精神，结合江声办学理念，对杨中的学校建设、师资力量等情况进行了解，肯定学校取得的成就，同时带领学校领导班子分析现存问题，提出新目标与建设性建议，要求班子要团结、管理要细致、工作要敬业，一步一个脚印，脚踏实地、垂直跨越，争办湘潭县的教育名校。

他视学校如家庭，视老师为兄弟姐妹，视学生如自己的孩子，视教育如生命。每天清晨7点按时到校，梳理治校思路，制定方案，全年坚持无一日请假，甚至于为了不影响工作，老婆生小孩他特意选择了周末剖腹产，没有特意请过一天陪产假；中考期间母亲重病住院，他作为主考选择了坚守在学校，为孩子们保驾护航，直到每天晚上10点多才拖着疲惫的身体去医院看望…

在管理治校的同时，他带头进行教研教改，课堂上，他旁听记录，总结归纳，研判指导，提炼教法。

德育工作他坚持家校联手，每一次家长会上，他都与家长打开心扉、交流互动，为孩子们寻找更好的成长途径……

迎着合作办学的契机，他为杨中人创造各种福利，学校硬件条件大大改善：所有教室配备最新白板液晶电视，全校整体更换更适合学生学习的课桌椅，学生宿舍床铺全部换新，全校教职工配备统一工作制服，全体学生配置崭新校服，师生同享江声学校各种先进教学资源……能为杨中创造的任何条件他一个也不落下。

刘校长的到来，使学校踏上了新的征程，杨中人以饱满的热情投入工作，以昂扬的斗志迎接挑战，以坚定的信心开创未来，通过将近一年的奋斗，整个学校取得了太多的变化与惊喜：杨中校园环境大大改善；校风和谐，师风优良，学风浓郁；教师业务能力大幅提升：杏坛之星赛课张亮、杨玲老师获县级一等奖，张亮老师还被邀进行县级杏坛优秀课展示，同时获批加入县教师专家团队，周虹、罗瑞炎、陈永、卢凤英等四位老师被评为县级骨干教师；县艺术节我校参选节目获一等奖第一名；五校联考中，我校次次排名前列……

在这即将离任分别之际，请允许我代表所有杨中人向这样一位有情怀的教育工作者表达我们最真挚的谢意，感恩有您，一路同行！愿您在未来的事业道路上乘风破浪，扬帆远航！

2019 年 6 月 19 日

感恩有你

花石中学238班 肖文轩

感恩既平凡又美丽。鸟儿展开翅膀飞向蓝天的那一刹那，它是感激的；花儿接受清晨的滋润，它是感激的；蒲公英迎来了第一缕清风时，它是感激的。此刻的我也像它们一样，内心充满了感激之情。

今天天气并不好，接连下了好几天的雨，路面湿湿的，天气阴沉沉的，但这一切都无法遏制我内心的狂喜。老师昨天就告诉我们，江声2014班的师生及家长会来我班交流。好不容易熬完了上午的课，中餐后我们班大部分同学就站在教室北向的窗边，望着窗外。我想他们也跟我一样等待着另一个学校的朋友吧。窗外又一次飘着雨丝，空气中弥漫着薄烟，风缓缓地吹着，拂过我的脸颊，从我的手指尖调皮地穿过。我紧张的情绪被这风拨弄得平静了很多。这时，人群里突然传来一个声音“他们来了”。

他们终于进来了，紧跟在他们身后的是一个大大的精美的书柜和那足以塞满半个书柜的课外书。我郑重地接过书柜的钥匙，心中的感恩之情不断地涌动。活动的环节很多，但现在想来印象最深刻的是我获得了200元奖励。2014班对我班期中考试年级前十名的同学每人奖励了200元，多么荣幸！我是其中一员。当然他们还对班上品学兼优的依琴同学奖励了1000元。当接着这份奖励时，我无比激动，在我看来这份礼物比任何物品都要珍贵。接下来的环节里，我只能抑制住内心的激动，继续主持完节目。

2014班除了给我们送来了物质奖励外，还带来了一系列的才艺。有国标、拉丁、读书分享、民族舞、跆拳道……为了表达我们的谢意，我也报名了一个节目——民族舞。当音乐响起时，我踩着节拍翩翩起舞，把无限的感动融入表演中，行云流水地完成了一系列动作。一曲结束，可内心仍旧无法平静。

快乐的时光永远是短暂的，在我们一波又一波热烈的掌声中，活动也拉上帷幕。活动结束后，我们和2014班的同学在操场上拍了合影，就依依不舍地彼此告别。这次交流只是我们友谊的开始，未来可期！

愉快的研学之旅

较场中学 C140 谭柳婷

在这个人流来来往往的世界上，每天都会发生一些温暖人心的事情，可能就在你我身边。今年我们较场中学很荣幸能与江声中学合作办学，实现资源共享，我们拥有着与江声学子一样的校服和辅导资料，更加令人开心的是我们能和江声的同学们一起交流学习。

当老师在我们教室钉起那块结对班级的班牌时，当老师说我们很快就可以去江声中学研学时，我们都激动得跳了起来。

这一天终于到了，我的心情也越发紧张。5：50 响起了起床铃声，洗漱、吃完早饭，我们乘坐大巴车行驶将近一个小时到了目的地。映入眼帘的是八个整洁气派的大字“湘潭江声实验学校”。随后老师便带我们去参观美丽的校园，校园里，朗朗的读书声不时传来，不知不觉被老师带到了美丽地理园，这是一个莽莽榛榛的天地，只听见鸟儿唱着动听的歌曲，我们也沉醉在这美景之中……

接着老师带着我们进入了大会议室，我们分班级井然有序地入座，在这里我们观看了江声宣传片，有很多考入名校甚至出国留学的学哥学姐们在祝福母校，在羡慕别人的同时我们也得加油努力为学校争光！接着我们小组很快来到了合作班级“2003”班的教室，走进教室的第一步便被他们的学习氛围所感染了：他们那时刚刚大课间跑完操，回到教室很快坐到自己位置上拿起书自习起来，老师都不在教室，他们学习的自觉性实在让我佩服。用实际行动做到了墙壁上写的“入室即静，入座即学”！在这样的浓厚的学习氛围下，我上了“生物”“英语”课，还交到了一个有趣的朋友萱，中午在她的带领下我吃完了饭，由于她要参加艺术节，我就一个人回到了教室。教室静谧而严肃，瞬间全世界只有翻书的声音，大家都沉浸在知识的海洋中，同龄学生的高度自律无形之中给我好好上了一课。

下午我们上完了接下来的两节课，便踏上了返程的大巴，在途中我回忆了这一天的点点滴滴，我觉得收获了不少的学习经验：上课积极举手、敢于大声发言、自觉自律……我想我要改变自己了，同龄人的优秀与美好深深触动了我，这真是一次美好的令人难忘的研学之旅啊！

相隔甚远的朋友

较场中学 140 班 朱蕊

我们这个学期同往年相比，是与众不同的，这个学期，我们是幸运的——因为我们结交了一群相隔甚远的朋友。

这群朋友，在一所离我们学校很远的江声实验中学。前不久我们去到了江声实验学校参观学习，江声校园是美丽的，踏入江声校园，整洁的校园环境、朗朗的读书声、淡淡的花香……都足以让我把旅途的劳累抛到九霄云外去了。江声校园是值去探索的：他们拥有先进的教学设备、有着丰富多彩的社团活动、各种各样的艺术校区比赛。江声的校园是富有魔力的，这里的学生自信大方、表演从不怯场；这里的学生文明有礼、不说脏话不暴粗口；这里的学生高度自觉、课间主动刷题看书……你看，江声中学的同龄人相比较而言比我们条件要好，比我们还优秀，更重要的还比我们更努力。

初次来到江声学校的我们，对这里的一切都感到陌生，气氛一开始有些尴尬，我们不知所措。过了一会儿，他们主动热情地跟我们打招呼，邀请我们坐到他们座位旁边上课。在这一天里，他们带我们去上课、请我们喝酸奶、教我们画画，有的还会拿出自己的小礼物给我们呢！江声的学生对待我们这些“陌生的朋友”满腔热忱，深深感动了我们，从那时候起，我就满心期待着我们之间的下一次见面了。

果不其然，下次见面的机会很快就来了。11 月 27 日，江声学校 2029 班的部分老师同学以及家长们来到了我们较场中学 140 班这个温暖的大集体开展联谊活动。从中午起，我们就在忙碌地准备着——摆桌椅、搞卫生、布置黑板，还有热心的同学们从家里带来了蔬菜等。随着一阵热烈的掌声，他们进来了，班干部安排他们坐下，联谊活动就开始了。外面的天气虽然是寒冷的，但坐在 140 班教室里的每一个人心里都是暖暖的。场面是多么温馨呀！我们两个班级老师同学载歌载舞、欢声笑语、其乐融融，还互赠了祝福卡片，尽情表达我们彼此内心的欢喜，这天我们还收获了许多的礼物……

班级手拉手，同学心连心。同龄孩子们的心总是相通的，就算我们身处异地，甚至是彼此的陌生人，但这些都阻碍不了我们互相学习交流，共同进步！

研学之旅

花石中学238班 胡文韵

学生时代总会遇到一些让人感动又快乐的事，我自然也是。

前段时间，我们七年级学生可以去江声研学一天，这真让人意外。

早在前一晚，大家都在忙碌着，为去研学做准备，其实不用准备什么。我们每个人异常兴奋，都在不停地讨论着这件事，我也不能错过。

千呼万唤中，这天终于来了。去往江声的路上，同学们都在尽情地聊天，车里欢声笑语，像过节一样。不知过了多久，突然有人叫到“到了！到了！”大家齐刷刷地将目光投向了窗外，嘴里不停地说着什么。

下车后，大家的表现和车里截然不同。同学们都紧张得连大气都不敢出。江声实验学校好大啊，美景目不暇接，让我们有了刘姥姥进大观园的感觉。

在江声学生的带领下，我们来到各自早被安排的班级。进教室前，内心一直是忐忑的，但当我走进教室，迎来的是热烈的掌声，忐忑化为了感动。他们非常热情，上课、下课、就餐江声同学时刻陪着。偷偷告诉你，我还交了好多朋友。

他们的课堂与我们有很大不同，印象最深的要数信息课。上课铃响时，我跟随他们一起来到电脑室。这堂课，老师让我们做一张图，我搞不懂时，江声的同学会热心地帮助我，愉快的课程很快就结束了。我们在江声的课堂里学了很多我们之前没有学的东西。

美好的时光总是短暂的，转眼我们就到了该返校的时候了，表面上我们没有带走东西，实际上我们带走了满满的思想，这些都被我们装在了脑子里。

回校后不久的某一天，我班结对班级2014班也来到我校，不同的是他们带来了丰富的礼物。有奖学金、节目、书柜、图书、能量学习包。我们都很感动，目前我们无以为报，但接下来我们会常怀感恩之心，努力充实地过好每一天，以优异的成绩回报那些关心我们的人。愿我们以梦为马，不负韶华。

江声之旅

较场中学 139 班 朱姝晨

“江声悦耳扬帆远，教海掀潮逐浪高”——这是对江声中学作为教育先驱者的真实的写照。

今天我们怀着无比激动的心情前去声名远扬的江声实验中学开展研学活动。贾平凹曾说过“人生得也罢，失也罢，成也罢，败也罢，只是心灵的那泓清泉不能没有月辉。”此言得之，如果江声是心中的一泓清泉，那么对它的热爱就如皎皎月辉，长照人生之路。

江声，是动人心魄的，“绣榻闲时吹红雨，雕栏曲处倚黄昏”。微风夹杂着小雨滴，拂过脸颊，冰冰凉凉的，枯黄的落叶在萧瑟的秋风中悠悠地旋着，旋着，低诉着离开枝头，我漫步在这个小道上，欣赏着这凄美的舞蹈。你看那回黄转绿的背后，是江声把一句诗词的婉转情思悠悠吹起，吐纳着新陈代谢的规律。

江声，是生机勃勃的。看啊，在文艺汇演上挥洒着汗水的江声学子，在操场上奔跑的江声学子，恰少年，风华正茂！一切都充满了活力，正如毛主席所说的，青少年就像八九点的太阳，这般少年拥有的青春活力，是梦想扬帆的起航，于挥洒汗水间展露中国文化的浩瀚博大。

江声，是催人奋进的。我有询问过，为什么江声的学生成绩如此优异？1910 班的同学用行动回答：那便是“不懂就问”。这个回答引起了我的深思，那么问有什么好处呢？“敏而好学，不耻下问”，孔子把学和问相提并论，可见其重要性。首先，问能解惑。“人非生而知之者，孰能无惑？”既然有了惑，那就要解，就要去问老师、同学，问清楚了，知其所以然，惑便迎刃而解了，若不问，惑终不解。其次，问能知新。培根说：“多问的人将多得。”问有所得，人就能获得新知。

江声，就像是一首玲珑的五言诗，于平平仄仄之中给人以清新的意蕴；江声又像是一幅空灵的山水画，与勾勒中给人以深邃的感悟，江声更像是一泓清泉，在心灵的小池注入源头活水。浮泛在爱与梦的泉流上，我聆听江声清越的声音，汩汩…

最美的遇见

天易水竹学校2002班 郭奥雪

还记得吗？那些一见如故的相遇。还记得吗？那些心照神交的欢声笑语……

盼望着，盼望着，与江声2003班联谊的日子终于到了。早早地，我们就精心布置好了会场等待客人们的到来。下午1点，在彭子涵老师的带领下，2003班20名同学及家长来到了学生成长中心。一见面，我们就如同老朋友般地聊了起来：我们做自我介绍、我们分享学习经验、我们谈论梦想，我们甚至还神侃偶像……接着，我们欣赏了江声学子为我们带来的一场视听盛宴。原来，作为与我们同龄的他们，不但成绩优异，还琴棋书画样样精通。说真的，那一刻我很惭愧。老师说得对：优秀并不可怕，可怕的是比你优秀的人比你还更努力！我想，我是应该要努力了，要努力去追赶那些真正优秀的人！最后，我们互赠了礼物，那一本本精心挑选的书籍，那一句句暖人心扉的赠语，还有那一套套美观实用的文具，无不体现了江声2003班老师、家长、同学们对我们的深情厚谊呀。当然，我的收获最大，因为以我为代表的班级前五名还额外获得了他们家长奖励的大红包呢！

快乐的时光总是那么短暂，很快就到了说再见的时候，而此刻，一个拥抱胜似千言万语：人生漫漫，遇见你们，何其有幸！愿我们相聚青春，携手奋进，不负韶华，砥砺前行！

第二章
融合札记

从 2017 年开始，湘潭江声实验学校先后派出了 9 名老师分赴湘潭县乡镇中学担任校长等职，任期为 1~3 年。从县城到乡村，从江声良好的工作环境到条件艰苦的村校中，从熟悉的生活氛围到陌生的师生中，他们顺利地完成了角色的转变，出色地履行了融合合作校长之职，为实现县域优质教育资源共享，促进教育均衡发展立下了汗马功劳，在湘潭教育历史、江声教育历史上留下了许多可歌可颂的事迹。

云湖中学合作办学往事

融合合作学校校长　汤颂

2017 年 8 月 23 日，我在武汉参加湖南省青年精英教师培训期间，接到肖正章董事长电话，要派我到云湖中学担任校长一年，支教帮扶，改变该中学薄弱现状，给我半个小时的考虑。

原来，为大力促进义务教育均衡发展，湘潭县教育局强力改革，创新办学模式，推动城区名校与农村薄弱学校牵手帮扶，合作办学。首个试点是江声学校结对帮扶云湖中学，由江声选派一人到云湖中学担任校长，要求：原有教师不变，学生不变，在一年内要基本改变学校薄弱的现状。

这是一个新的尝试，更是一个巨大的挑战。薄弱学校的现状，有其根源，是多方面因素长时间累积而成的，具有长期性、复杂性。一个人去，单枪匹马，老师们会不会接纳配合？公办与民办体制机制完全不同，学校能不能办好？我心里并没有底。同时父母已老，母亲多年前因患癌症手术，需要长期静养。父亲长期患有腰疼、胃病、头疼等毛病。我还有两个小孩，一个孩子读小学，需要接送，一个孩子还只两岁，需要人带。我和妻子都在江声学校上班，住在学校宿舍里，上班、照顾孩子都很方便，工作生活都很舒适。一旦去云湖支教，家人和自己都要苦太多。

我只考虑了 20 分钟，和父母、妻子打了几个电话，就接受了任务。肖正章董事长对湘潭县的教育事业满怀热爱，江声一直有着担当的情怀，再加上我从农村出来，热爱农村。我在农村学校工作了九年，对教育、对农村孩子和农村学校有着深厚感情。我决心克服困难，毅然接受组织委派，到薄弱学校云湖中学担任校长进行帮扶。

8 月 26 日从武汉学习回来，我还来不及到教育局报到，就到云湖中学上班了。因为，马上就要秋季开学了，七年级新生预计有 140 余人，只有 88 位有意向来云湖中学就读。

还在武汉学习的时候，我就接到教务主任、政教主任、总务主任要辞职的信息或电话，就更加不要说班主任人选了。我心急如焚！

到了云湖中学后，我才知道学校多么薄弱。基础设施条件落后，跑道灰尘蔽天，教学楼老旧，三楼还是后来加上的，存在安全隐患。教师年龄结构偏大，专任教师 28 人，其中 50 岁左右的教师近 70%，35 岁以下只有 1 人，大部分住在砂子岭等市区或楠竹山。留守学生多，外出打工的家长多，家长没时间管理孩子的也多，学生总数 320 人，在校寄宿生达 310 人。优质生源流失严重，教育教学质量靠后，越流失，质量越差，越质量差，越流失严重，形成恶性循环。

8 月 27 日，教育局、江声学校的领导送我到任。下午我主持召开校行政会，劝说了总务主任、政教主任继续干，教务主任硬是要辞，只好临时把肖映老师“骗”了过来临时干教务主任，终于把行政人员凑齐。结果会开了一下午，6 位班主任都还只能确定 3 位，其余的不是这个家里有事，就是那个孩子太小，或是身体不好，总定不下来。天快黑了，只能休会……我忽然想起，当得知我要到云湖中学支教担任校长，好多教育系统里关心我的又熟知那边情况的人，发信息或打电话提醒说那边比较复杂，工作不好开展。

但我不是一个轻易退缩的人。我要用江声学校的理念、举措去带动人，用情怀去感染人，用管理智慧去化解问题，用努力拼搏去改变现状。云湖中学有一批有情怀的好老师。在教育局、江声学校、云湖中心学校的指导和支持下，我和云湖中学的老师一起没日没夜地干，排课表，查堂，落实晚自习，组织业务学习，组织赛课活动，国旗下讲话，处理学生问题，与家长谈话，组织各种学生特色活动、校本课程活动……云湖中学距离易俗河也比较远，开车往返要两个多小时。因工作需要我不能每天回家，有时家人生病，我都没有向组织表达困难，没有影响工作。而且路况并不太好，有时为了节约时间走狭窄的河堤，车轮塌陷了 3 次，还发生了一次碰车的意外交通事故。

担任校长来，我注重把江声的理念带过来，更新教师理念，树立育人为本、德育为先的理念，面向全体学生，将文化学习、能力培养与品德养成相结合。每周坚持开展特色校本课程活动，如拔河、跳绳、英语会话、手抄报、数学创意设计、故事会等，让学生在快乐中学，在活动中学。坚持开设第二课堂，每周利用多媒体设备，播放优质的电视节目，如《我是演说家》《开讲啦》《中国诗词大会》等，开阔了学生视野，拓展了学生知识，学生表示十分喜欢，受益很大。坚持分层走班教学，根据学生成绩两极分化严重的实际，我开展分层走班教学，将两个班分拆成三个班教学，虽然老师工作量增加了，但是学生学习效果提升了。

在江声肖正章董事长和云湖中心学校周海军校长的大力支持下，我大刀阔斧进行管理改革，抓好行政班子、班主任队伍建设。我根据农村留守孩子多，外出务工家长多的情况，积极开展家长教育，通过学校微信公众号、家长QQ群和到村组走访、家访的形式，建立良好的沟通渠道，宣传推介家教知识，有力地促进了学生的健康成长。

一年的时间，云湖中学各项工作得到明显改观，云湖中学的教师面貌焕然一新。行政人员勇于担当，吃苦在前，起到了很好的带头示范作用。老师们爱岗敬业，全身心扑在工作上，脚踏实地、默默奉献。中午休息和放学后，绝大部分老师都在义务辅导学生；好多老师带病坚持工作；伍老师、赵老师快退休了，主动担任宿管老师的重任。教学水平也得到很大提升，云湖中学四位老师参加湘潭县首届“新视野”教学竞赛，三人获一等奖，一人获二等奖。教风的改变，带来了校风学风改变。不认真上课、不文明现象也少了，很多学生能主动学习。学校根据学情，实施分层走班教学，效果也很明显。在2017年期末考试中，九年级抽考由全镇倒数、全县靠后，跃居全镇第一，全县第20名；2018年毕业会考，跃居全县前15名，生地全县前6名。

肖正章董事长和我先后在杨欣荣副县长的教育调研会上、云湖桥镇校长业务学习会上做专题发言。肖正章董事长和我根据江声云湖中学合作办学的实践，撰写经验总结，得到了湘潭县人民政府县长的充分肯定和批示，要求大力推广，拿出政策大力支持。县教育局李鹏局长亲自召开专题会议，肯定合作帮扶办学试点工作的成功，正式确定深入推进义务教育均衡发展办学模式的改革创新。

习近平总书记指出：教育是对中华民族伟大复兴具有决定性意义的事业。“让每个孩子都能享有公平而有质量的教育”，是办好人民满意的教育的关键，是提高和改善民生水平的重要内容。一年来的苦与累，在帮助学校改变的成就感面前，都化成了幸福。

没有情怀，教育便不能走远。

作为班主任，当你能帮到学生的时候，学生成长的时候，幸福感很高；作为老师，当你的课堂深受学生喜爱的时候，学生喜欢这个学科的时候，幸福感很高；作为校长，当学校的面貌因我们而有所改变的时候，幸福感很高。我永远感恩这场相遇，感恩教育均衡路上的每一位决策者、推动者，感恩云湖中学的师生家长们。

融合办学回忆录

融合合作学校校长　汤颂

2018 年 8 月，为加快推进我县教育向优质均衡发展，实现教育强县“融合办学”的目标，根据湘潭县委县政府、教育局改革创新办学模式文件的安排，江声实验学校与天易水竹学校进行融合办学，学校更名为江声教育集团天易水竹学校，我被委派到天易水竹学校担任校长。

我迅速对生源、师资结构背景做了全面调查，根据校情学情提出了以“四风”建设为突破口，以建设研究型学校为抓手，实现“两个扭转”“两个并进”“两个跨越”（两个扭转：扭转校风学风，扭转生源结构。两个并进：中小学两学部并进，内部管理水平与教科研水平并进。两个跨越：由乡镇学校向城区学校跨越，由城区学校向优质品牌学校跨越）战略目标，努力创建人民满意的城区优质品牌公办学校。三年来，坚持思想共融、资源融合、管理规划、健全机制、提升发展层次。带着全体行政管理人员、班主任、各教研组备课组多次到江声实验学校参加各级学习会议，形成大合力。

我倡导向上生长，向上教师、向上少年都是水竹学校的追梦人，让老师学生拥有幸福的能力……小确幸，从行政人员每天在校门口听到的一声“老师好”开始；小激动，从每周分层教学特色课程中产生；小惊喜，从毕业科每月素质检测中诞生……当然，我更是幸福的，荣光来自老师们的口碑，记得在原易俗河镇二中工作已 18 年的胡敏老师说过，“老师们有没有发现，汤校长和别的校长有些不一样。汤校长记性很好，做事情很细，总是亲力亲为；他布置下来的任务要求你及时反馈；他总是以身作则，所以我们做事情的标准都被拉高了。”在学校工作多年的陶汉文副校长说：“他不是强行去改变某件事情，以达到立竿见影的效果，而是循序渐进，这正是他的睿智之处。”

我注重强化推进细节管理，每日都会在校园进行巡查。小幸福能在老师们的文字里感知。

汤校长的一天（刘双老师）

汤校长的一天，从他踏进学校大门的那一刻即始，学校微信工作群连续传来“叮咚、叮咚”的提示音，这是汤校独特的签到“公示”。

朝阳下校门口行政值日老师带领两列佩戴鲜艳红领巾正绽放灿烂笑容的“文明礼仪

示范岗”成员合照下一句简短的文字：这样的笑容真美！如此，汤校长用“图”“文”两条微信引领全校师生开启了又一个美好的一天。

墙角一个被随意丢弃的零食垃圾袋拍图下，一句“请德育部门牵头严抓”，带来的是一次全校性的文明卫生大评比。

某班级课堂上执教老师正眉飞色舞，听课学生坐姿端正、聚精会神被拍图，另一班级课堂上执教老师似对牛弹琴、学生似趴倒一片被拍图，两对比拍图下同样配有一行简短文字：不一样的老师，不一样的课堂！虽然两执教老师的面容被艺术处理，但其图让全校教师产生反躬自省效果早已达成。

大课间活动时段，冬日暖阳下花圃间，一群阳光少年人手一本课外读物各以自己舒适的坐姿静静地品读之群像拍图，加上配文“这样读书的样子真好！”，瞬间感染了全校师生，并掀起了课余经典阅读的热潮。

夏日午休时段，多个班级多名班主任蹲守教室或伏案批改作业、或与学生一起趴睡拍照组图，又一行文字“向爱岗敬业的班主任致敬！”传达出汤校长对班主任团队的敬重和体贴。

你站在桥上看风景，殊不知看风景的人在楼上看你。一张汤校长正弯腰捡拾垃圾的拍图，又一张汤校长与学生同坐一条长凳共进午餐的拍图，还一张汤校长深夜查寝的拍图……这些汤校长身体力行、以身示范的工作照片，常常被老师们拍到，随即上传学校工作群，它们生动和谐穿插在汤校长发送的拍图中，耐人寻味、催人奋进！

自江声水竹融合办学以来，我大力抓师资队伍建设，用校本研修“为教师专业成长服务，为学校快速发展助力”，以湘潭江声实验学校与我校融合办学、承办“国培”等各级培训为契机，营造了浓厚教科研氛围，提升了师资水平，初步打造了一支名师团队，为学校走“管理兴校，教研强校，质量立校”的内涵式发展之路、提升办学品位作出了不懈努力。全体教职工奋发工作，创建平安校园、和谐校园，活力校园，以人为本的水竹，师生的安全感、获得感、幸福感日益提升。

努力结出硕果。如果说2019年是擦亮初心，淬炼底色的一年，那么2020年是不惧挑战，蜕变升华的一年。学校继续落实“立德树人”根本任务，秉承“让每一个生命向上生长”的办学理念，实现“向下沉潜——成其广博；向上生长——成其坚劲”的育人目标。青年教师成长迅速，在湘潭市初中教师“新视野”课堂教学决赛中，邓练练老师荣获一等奖，唐建霞老师荣获二等奖，在2019年湘潭县第四届“杏坛之星”第一轮赛课中，16位老师荣获县级一等奖。

2020年融合办学进入第三年，面对突如其来的新冠肺炎疫情，3400名师生员工同心战疫，“停课不停学”进行线上教学，毕业学科每天加一课时，每周加一天课程，共克时艰，只争朝夕，奔跑追梦。学校师资队伍建设、教科研水平明显提升。探索基于校情实际的“问题导向、任务驱动、同伴互助”的“五单式”校本研修模式初具成果，赵晓云等 19 人获县级阶段性成果奖励，中小学部 16 个教研组获评优秀。9 个教科研课题扎实开展研究，其中有杨菊平、王惠、宾冬青、钟人海、刘艳霞老师主持的国家级、省级、市级课题顺利结题。52 篇教育教学论文获奖，其中省级 18 篇，县级 28 篇。42 人次获省市县级国培及名师工作室评优奖励。20 位教师获选参加湘潭县“杏坛之星”赛课全获嘉奖，其中冯靖、马嘉颖等 18 人荣获一等奖，2 人荣获二等奖。汤颂、宾冬青、周果等 15 人获评为“湘潭县第七届学科带头人”“湘潭县第二届骨干教师”“第三批湘潭县名师工作室成员”。

学生综合素养明显提升。以活动为载体，每学年中小学部扎实开展各项德育主题教育活动百余次。“艺术百佳”活动中，74 人次荣获市县级奖励。17 人获湘潭县“抗击新型肺炎”主题征文、书画比赛一等奖。湘潭县青少年科技创新大赛中有曾一方同学的智能静脉注射器送省参评，湘潭县第二十届中小电脑制作活动荣获一等奖。

学校质量明显提升。2020 年中考湘潭县一中上线人数达 20 人，12 名同学入围公费师范生，九年级总参考人数 373 人中有 155 人达普高标准，普高上线率达 41.55%。融合办学带动教学质量实现了质的飞跃。这是融合办学取得的一点成绩，更是两校融合发展的结晶。

学校还有多个社团，培养孩子们的兴趣爱好。每位任课老师都是托管指导老师，全校学生都能参与其中。

三年来，在良好的发展机遇前，在上级部门的坚强领导下，在江声学校强力支持下，天易水竹学校全体管理同志、教师心往一处使，拧成一股绳，在稳步中前进，努力发展创新，荣获国家、省、市、县各项综合荣誉牌 30 多块，教育教学工作取得了丰硕成果。

同时，水竹学校的声音更加响亮，水竹故事中有你，有我，有大家。学校微信公众号推出 300 多期报道，唱响主旋律，壮大正能量。《学习强国》《湖南新闻联播》《湖南日报 · 省科教新报》《湘潭在线》、微潭教育、湘潭县红网、湘潭县融媒体等相继报道我校办学特色和亮点。

让我感到高兴的是，这三年来，水竹学校招聘到的老师，学历层次有了非常明显的提升。代课教师中，考编走出去的教师达十人之多，这说明老师们对学校的发展、对自身专业发展有信心！天易水竹的发展得益于政府重视、顶层设计，更在于唤醒了学校向上生长的内在力量。我愿意为打造最美融合教育名片贡献自己的智慧与力量！

甘为教育改革实践的孺子牛

融合合作学校校长 刘金城

2018 年 8 月，作为江声学校德育处副主任，我受学校委派，直接参与县域均衡教育模式改革工作。2018 年 8 月至 2019 年 7 月，担任合作办学学校湘潭县杨嘉桥中学第一校长；2019 年 8 月至 2020 年 7 月，担任合作办学学校湘潭县锦石中学第一校长；2020 年 8 月至今，担任融合办学学校湘潭县锦石中学书记、校长。一路走来，我坚持以一名共产党员的初心和使命严格要求自己，坚决服从组织安排，不讲条件，克服困难，以个人的努力工作和人格魅力赢得了各级领导和合作融合学校师生、家长的赞许。

示范引领，唤醒乡村教师工作激情

作为乡村教师，在乡镇学校待久了难免会产生职业倦怠，无论是第一所到达的杨嘉桥中学，还是现在的锦石中学，均有部分行政干部和老师出现了职业倦怠，我看在眼里，想在心里，决心充分发扬“乐于奉献，追求卓越”的江声精神，帮助老师们度过职业倦怠期。

首先，从自身做起。行政工作，亲力亲为，带领部门负责人直达教育教学一线，操场、教学楼、学生宿舍、食堂、学校的各个角落成了我们每天的办公场所。

发现学生违纪违规等思想和心理问题，我则带领德育部门负责人对学生进行思想教育，为此，还专门设立了“校长有约”栏目，对有约的每个学生，都耐心细致地进行帮扶教育，“谈话”成了我工作的新常态。

当发现天花板的蛛网、教室的凌乱、寝室、厕所的不洁时，我及时制定相关管理制度，给行政和班主任压担子，对学生进行教育引导，使校园环境焕然一新。

教师的专业成长得不到保障也成为农村教师职业倦怠的一个重要原因，于是我主动担任毕业班数学教学。我凭借自身近 20 年的初中数学教学阅历和江声先进的教学理念，带领老师们开展教学课例研究。

杨嘉桥中学的王慧丹老师是一名英语老师，因学校工作的需要从而转型教数学，她对初中数学教材和教学都不是很熟悉，内心很茫然。我便带领数学组老师随堂听课、评课，及时指出王老师数学课堂的亮点和不足，为了让这批教非所学的老师得到快速成长，我在七、八、九三个年级分别上教研示范课，并让所有老师听课观摩。在我的亲力亲为下，老师们的激情被点燃，不仅数学组得到了提升，其他各教研组也齐头并进。

锦石中学数学组是一个有着12名数学老师的团队，老中青搭配合理，组内教研课氛围很好。为了进一步提升老师们的教学能力和水平，我亲自带领九年级数学组仿照江声模式首开集体备课制度。集体备课先是对上一周已经教学的内容进行反思，对教学中存在的问题进行讨论、改进，再是对下一周的新授内容进行商讨，聚焦重难点的把握，知识的拓展，教法、学法的指导。对于刚上九年级的年轻老师，通过我组织的这种形式的集体备课，教学困惑得到了及时解决，方法理念得到提升和更新。

赛课是提升教师专业水平最有效的途径。我坚持鼓励年轻老师参加赛课活动，2020年县“杏坛之星”赛课，锦石中学7个学科派出9名教师参加比赛。对于数学科参赛的两位老师，我主动带领数学组一起多次听课、磨课、研课，最终取得优异成绩。赛后两位老师均坦言，校长的鼓励让他们不敢怠慢，团队的力量是他们成长的动力。

我的亲力亲为、敢于担当，老师们看在眼里，记在心里，更是逐渐落实在行动中。行政人员的工作效率提升了，执行力加强了，更加主动作为了。老师们服从安排，积极参加学校各项活动，潜心工作，主动思考学校发展，主人翁意识凸显。在锦石中学合作办学一年后，全体行政和老师联名要求我继续在锦石中学工作，他们希望我能继续引领学校前进。

继承发扬，带动乡村学校文化建设

校园文化是一所学校的传承和魅力所在。为了实现文化育人的目标，我带领锦石中学老师从学校现有实际情况出发，积极开展校园文化建设。

1. 文化楼名以“锦”为题，凸显育人功效。

锦石中学又名锦霞园，各栋楼宇均有其独特的功能。我提议以“锦”为题，发动全体师生为楼宇命名，倡议一出，一周之内文化楼名全部上墙——锦程楼、锦辉楼、锦安楼、锦绣楼、锦苗楼、锦卉楼、锦福楼，各有各的特色，各有各的内涵。

2. 班级名片尽显班级文化特色。

在江声班级文化建设的启发下，我带领德育部门负责人指导各班班主任制作属于各自班级的名片。文化班名、班旗、班徽、班歌、班级口号、班级合影、教师团队、治班理念、班主任照片等成为名片的亮点。16 个班，16 张特色名片，点亮了班级文化特色。

3. 班级图书角，一举两得，创新班级文化建设。

班级图书角的建设源于班级卫生工具无处摆放，我指导后勤部门先在教室一角修建了一个三角区域的工具房，用于摆放卫生工具，从而彻底解决了教室卫生工具随意摆放不美观的问题。为了不使工具房过于单调，于是又在工具房靠外一面设计成了图书角，一举两得，既改善了教室的卫生状况，又让班级文化气息更浓。

舍小家为大家，贡献县域均衡教育改革

2019 年中考期间，恰巧我母亲生病住院，为了不耽误中考工作，确保合作学校学生能考出一个好成绩，我白天在学校陪伴学生考试，晚上 10：00 等学生休息好后，再驱车几十公里到医院陪伴母亲，第二天清早又赶到学校工作。母亲没有怨言，全力支持我的工作，但我却留下了对母亲的愧疚。

2018—2019 年，我虽有怀孕待产的妻子需要照顾，还有一个读四年级的女儿需要陪伴，但毅然服从组织安排，坚守在合作办学的岗位上，身体本就不是很好的母亲为我挑起了照顾妻儿的重担。2019 年 4 月，小女儿诞生，给这个小家庭带来了欢乐，也增加了负担，但我无暇照顾家庭，母亲和妻子成了照顾家庭的主力军。2020 年 7 月，在锦石中学一年合作办学期满，家人盼我归来的心情非常强烈。因为此时母亲再次病倒，医生给出至少住院治疗一个月，休养三个月的建议；妻子产假期未满便接到了学校上班工作的通知，一岁多的小女儿将面临白天无家人照看的状况，此时的家人多么希望我能够留在身边工作，以便于照顾家庭。2020 年 8 月，出于领导的信任和锦石乡中心校领导及锦石中学老师的强烈要求，组织上第三次将合作融合办学的任务交到了我手中。我生平第一次有了生活小家与工作大家的矛盾冲突，但在一番思考之后，我以一个共产党员的初心和使命毅然舍小家为大家，第三次接受了合作融合办学的光荣使命，这一干就将再是三年！我为了家庭工作两不误，请人照顾病榻前的母亲，和妻子商量后将嗷嗷待哺的小女儿白天寄养在亲戚家，晚上再由妻子接回家中自己带。

在这过去的两年多时间里，我虽对家人有所亏欠，但为了县教育事业的改革与发展，我愿意舍小家为大家，努力践行“随时准备为党和人民牺牲一切”的铿锵誓言！

居花中之园思其变 处江湖之远思其盛

融合合作学校校长 莫国强

自湘潭县教育局为实行城乡教育均衡发展，进行“融合合作”等办学模式改革以来，我便成为这面旗帜下的奔跑者、践行者和受益者。从歇马中学到河口中学，再到今天的花石中学，每到一所学校，我都会深入观察和了解学校的文化与发展情况，都会思考“我来干什么，怎么干，目标是什么”这样一些课题，根据了解、思考和研讨之后，决定行动方案，再进行一些过程的改变，求得学校的良性发展。

曾经辉煌的花石中学，近年由于城镇化进程加快，管理机制滞后，师资队伍老化，办学条件相对落后等原因，致使生源锐减，管理层干事工作积极性不高，教职工凝聚力、战斗力不太强，群众满意度不太高。

7 月底，初入花中，我通过拜访中心校领导，多次召开行政会、走访教职员工、深入群众中了解学校情况后，多方思考，确定了自己的工作方略：

一、用自己的改变带动班子的改变

每一次例会，我会第一个到会并搞好室内卫生；每一次学生集会，我一定着正装出场；每天不管是不是行政值班，我总是最后一个下班；从每周日下午到周五下午，我都坚守在学校；学校缺物理老师，我就接手两个班的物理教学，这是我从教二十多年来第一次教物理科。县一中陈自求老师知道我到花石中学任职，送了我一幅字：“树正气，讲规矩，爱学校”。我觉得爱学校就不必花言巧语，爱学校就得身先垂范。不到一期，学校做事的人多了，讲空话的人少了，行政班子的办事效率高了，上课拈轻怕重的人少了。一段时间后，我整章建制，规范行为，规范管理，让老师有章可循，将优点发挥到极致，把事情做到完美，由“要我做”变成“我要做”，让管理变成一种自觉，变成一道文化。假以时日，一个具有凝聚力、战斗力、号召力的领导班子将呈现在师生面前。

二、用文化的改变带动学校的改变

学校文化，涵盖面很广。优秀的学校文化，能激励人，发挥管理最佳效能。我是江声人，江声人的情怀、理念和文化，融合办学的理念，与学校现有文化实际，要尽可能实现完美结合。在机制的改变方面，我在江声人的鼎力相助和中心校领导的大力支持配合下，采用中心校聘行政，行政聘班主任，班主任聘老师的办法，稳妥地推进了教师人事制度的改革。学校岗位数少了，岗位实了，做事的人多了。

三、用“温情改变温度”，推动班主任队伍建设

天下最小的主任是班主任，但她们却干着天下最杂最多的事。花石中学近年在每学年开学初，安排班主任成为管理者最头痛的事情。我到花石中学，在班主任队伍这块我做了四件事：

一是为班主任减负。增设13位副班主任，把一些常规杂事分些出去，另外减少班主任的课时数，让他们轻装上阵，全力以赴管班。

二是为班主任加薪。根据多劳多得、优劳优酬的原则，从学校托管费中，开辟优厚的绩效经费，让他们干有所值。

三是为班主任增设评优评先晋级的绿色通道，让他们精神得以慰藉，身心得以愉悦。

四是召开班主任座谈会与培训会。我常说，当教师唯有当班主任，当你老了，你的学生回来看你了，你就会觉得你的教育人生很幸福。爱上你的孩子，爱你的班是不错的教育担当。动作之后真有改变，十三个班，报名当班主任的人居然达十七人，目前各班的管理运转很不错，学校、学生管理初步达到了“动若脱兔，静若处子”的境界。

四、用“制度完善到文化自觉”，推动学校机制建设

我想，学校要管理好，一定要师生内强管理，外树形象。一定要加强内部管理，一定要有“规范 + 特色”。根据花石中学原有状况，我首先落实的是出勤管理、坐班管理、后勤和食堂管理。随后落实教学管理、安全管理、德育管理等，让管理出效益、出成果。在县、局、中心校几次检查中，我校得表扬的次数多了，受批评的少了，在学校召开的一次全体家长会中，群众都赞不绝口。

五、用“质量就是生命”的理念，推动学校更快更好地发展

抓教育教学质量，是学校永恒的话题。城镇化进程加快，农村生源锐减。我们除能

做好小升初招生工作，创新好引优留优工作外，我想到更多的是，靠硬本事提升教育教学质量，提升学校的美誉度：一是抓教师常规到位，切实落实备课、上课、辅导托管、作业批阅、反思等基本动作；二是抓教师校本研修，依托江声资源，不断提升教师教育教学能力，目前已开展青年教师赛课活动，效果很好，青年教师成长很快；三是抓师德师风，厚植爱岗敬业情怀，利用各种会议、活动、评议等树学校正能量，形成良性干事创业氛围；四是抓毕业班工作落实，优生培优班、普高达成班正在紧锣密鼓进行中，行政、教师、家长都很配合。

来花石中学，积极而为，无畏无私，思考其改变。今日的花中，也许处江湖之远，但只要砥砺前行，用心地“看、思、动”，一定会有繁盛之时的“变”。

怀揣梦想，不负使命

融合合作学校校长 艾正强

2018 年 7 月底，我欣然受命担任融合合作学校校长。刚到湘潭县谭家山镇茶园中学就任时，我满满的自信与豪情壮志却被现实狠狠击了一巴掌：20 年前工作过的学校比以前更加破旧不堪，虽然添了两栋新房子，但操场仍然是那个操场，宿舍楼和教学楼更加破烂，斑驳的墙壁，破旧的课桌椅让人恍惚回到二十世纪九十年代，只有几台电脑与一块电子白板才让人想起这是 2018 年的茶园中学。这还不算什么，开学之初学生稀稀拉拉、无精打采的样子，教师的灰心丧气，自叹前途渺茫，更让我担心不已！怎样才能破局呢？

首先，我借助合作办学的新举措实施之便，争取到江声实验中学以及县教育局的大力支持，更换了全部的课桌椅，为每个教室装了白板机，让全校师生喝上了干净的直饮水，老师们穿上了整齐的工作服，学生们也穿上了干净精神的校服，厕所也由旱厕改造成了冲水厕所。这些条件的改善，让全体师生乃至家长都很欣喜，同时也增加了师生爱校、好学的信心与力量。2019 年暑假，我又争取到了资金 200 余万元，对教师宿舍、教学楼进行了全面的翻新与改造。到 2019 年下学期，茶园中学已经成为一所硬件设施完善、师生干劲十足、各项成绩名列前茅的好学校！

2019 年我被调到湘潭县中路铺中学任融合学校校长。积累了一年的经验后，我觉得要搞好合作办学，不仅要用科学的管理，运用江声学校优秀的教育教学模式，还应该用“爱”关怀师生，唤起师生的工作、学习热情。

6 月 23 日那个大热天，中路铺供水公司送水的时候发生故障，学校被告知要第二天早上才能供水，这可急坏了我，大部分行政老师说：“算了，让学生马虎一晚上，明早再去洗澡。”但我想：不行，天这么热，学生晚上本就休息不好，不洗澡的话，身体会更不舒服，更会休息不好。于是我打了很多电话，终于找到一个朋友，帮忙从城区用洒水车拖了一车水来学校应急。当洒水车的水哗哗地流向师生们的水桶时，学生们欢呼雀跃：“太好了，终于有水洗澡了，谢谢校长！”这时我很幸福。

中考前两天，供电站为了检修线路，决定停电一天，天气炎热，平常有电扇，上课时师生们都会出热出一身汗，如果停电，这课该怎么上？我突然想起做室外工程的表哥有车载发电机，于是我请求他帮忙为学校教室供电，那一天，虽然发电机的轰鸣声贯穿整个学校，但我认为那会是师生们最快乐、最安静的一天。

2020年我又被派到古塘桥中学担任校长。与上两所学校不同，古塘桥中学的教学质量一直很好，但我发现，老师的教学和学生的学习都很单调，老师们除了教学还是教学，学生成为麻木的“学习机器”，学校很少开展有益师生身心健康的课外活动，学生们每天几乎都是宿舍、食堂、教室三点一线，生活单调而缺少活力。该怎样稳中求进、激发师生的活力呢？经过多方位的考虑，在开学之初，我从校外请了一位健美教练，用一个月的时间，教了全体师生一套最流行的《你笑起来真好看》的韵律操，并且举办了班级比赛，另外还开展了一些德育活动，这个学期的古塘桥中学终于迸发了青春的活力与激情。

学生们会做韵律操了，但老师们每天在办公室埋头备课，批改作业，长此以往，颈椎、腰椎都会出现健康问题，必须让老师们也运动起来。于是我想了个办法，要工会组织老师和学生一起跑步，为了调动老师的积极性，我自掏腰包对跑步老师进行奖励，每跑一次5元。自那之后，每天课间师生共同跑步成了古塘桥中学最亮丽的风景。

每周升旗仪式国旗下的讲话，是学校的德育主阵地之一，我很重视升旗仪式，因此我一改以前的随意，重新规划了升旗仪式，要求全体教师必须和学生一起参与升旗仪式，且应该做好学生的表率。每次的国旗下讲话必须先确定主题，说话内容审核合格后才能上台。这样几次下来，古塘桥中学的升旗仪式已经很庄重肃穆，国旗下的讲话也起到了很好的教育效果。我想，来期的经典诵读、合唱比赛等活动一定也能让学生收获满满，为更好地迎接以后的学习、生活加油助力！

回顾几所学校的工作，虽没有轰轰烈烈的成就，但是，每到一所学校，我都怀着教育的梦想，带着江声优秀的教育理念，以不负教育、不负合作学校、不负教师、不负学生的执念，努力工作，以一个共产党员的身份严格要求自己，力争不负县城均衡教育发展的兴荣使命！

融合办学之旅

融合合作学校校长 刘镔

2019 年 7 月，县教育局结合易俗河镇学情，决定与江声实验学校融合办学，学校党委确定由我带领着管理团队重启易俗河镇一中。

彼时，易俗河镇一中已经停办两年，没有老师，没有学生，只能一切从零开始，一切从艰难开始。办学伊始，我们面临重重困难：

筹备时间紧迫。2019 年 7 月 6 日按易俗河镇中心校规划开始招生，8 月 19 日开始选聘教师，8 月 26 日大部分教师到位，9 月 1 日开学。一个新学校从制作招生简章开始到选聘老师、校园环境的整理布置、各种建章立制，最后按时开学，前后只有不到两个月的时间。

招生形势严峻。2019 年 8 月 20 日才在子敬小学召开第一次筹备会议，8 月 23 日入学考察，8 月 25 日分班定生。此时城区几所学校江声、云龙、凤凰的新生军训皆已完成。有意向就读易俗河镇一中的学生因没有接到入学通知改读民办学校的不少。政策的起步晚导致了易俗河镇一中招生显得格外艰难。

管理人员匮乏。易俗河中心校没有专门为易俗河镇一中招聘管理人员，在众人眼中镇一中只是临时性存在，故管理干部只能从招聘来的老师中选拔。全是新手，必须全员培训才能上岗。

基础设施滞后。空置两年的老镇一中校园早已成了人们眼中的荒园，杂草丛生。只有三栋 20 世纪 70 年代的教学楼孤单而顽强地站立在校园内，彰显着它的历史。教学设施到 8 月 30 日才基本完工，食堂直到 9 月 2 日才正式启用。

就这样，我带领着团队开启了易俗河镇一中的“拓荒之旅”。

在学校管理过程中，中层团队有着承上启下的作用，更是学校发展的骨干力量。为了培养一支富有先进教学理念、执行到位、服务师生、真抓实干、群众认可的中层干部团队，我费足了心思。

我要求中层行政干部必须以身作则，以模范的行为影响他人。作为校长，我亦率先垂范。我每天第一个到校，并要求中层行政干部比老师们要到得早，还要求他们全方位坚守。我把易俗河镇一中的每一个角落走了一遍又一遍，每天放学都是最后一个离校。疫情期间，学校规定校园内不允许外人进入。我还带着行政组成员，扛上锄头、撮箕，撸起袖子整理校园。思想上我要求中层干部要有大局观，不计较个人得失，大事讲原则，小事讲风格。而我自己则主动放弃了镇中心校给予的各种福利、荣誉。“捧着一颗心来，不带半根草去。”

在实际管理过程中，我一方面从思想层面引领，详细介绍每一项工作决策形成的过程及执行决策所应达到的要求和效果，让其充分理解；一方面从方法层面指导，与中层干部一同研究、讨论实施或完成各项工作的目标、责任和具体的措施；一方面从关心层面帮扶，帮助中层干部解决工作中遇到的复杂问题和棘手问题。同时，敢于根据中层的职权范围放权和授权，充分信任每一名干部，鼓励他们自己去闯去干。中层干部们听到的最多的一句话是：不错，想得很好，放手去做。这句话的后面往往还跟着一句：没事，不要怕，我在看着嘞。有了这么两句话，中层干部们有了底气与信心。我极少在外批评人，任何工作局部或环节出了问题，都只是私底下提醒，协助其改正补救，让中层干部们能放下包袱更好地工作。

示范、帮扶、立本、放手，就这样，一步步让中层干部迅速成长。

学校长久的发展，需要形成良好的文化，要让老师们认同学校，形成对学校的归属感。在易俗河镇一中与江声教育集团合作办学的这一年中，我让每一位老师都感受到尊重，感受到关心和爱护；让每一位老师都有获得提高教育教学能力的机会；让每一位老师付出后被肯定，都获得相应的荣誉；让“德、能、勤、绩”成为学校评价老师的绝对标准。老师们都说：在易俗河镇一中的一年，是最幸福的一年。到现在易俗河镇一中的老师们偶聚，仍会以“我们的镇一中”为谈话的开始。

一年下来，易俗河镇一中的学生面貌也焕然一新，不再是百姓口中的“差学校出来的差等生”。学校注重学生精神的提升、人格的完善和价值的引领，注重塑造学生的品格。学生行为习惯的养成源于细节，学校管理从大处着眼，从小处入手，把小事做细，让细节到位。如严抓迟到、课间纪律、两操、就餐、排队、听会甚至是卫生打扫等习惯的养成。在教育过程中发掘细节，在细节中寻求教育实效。所以，在镇一中，可以看到学生们聚精会神上课时挺直的腰杆，专注的眼神；可以看到学生离开教室去做操时、每天放学离校时，教室内排列整齐的桌椅，整洁无一物的桌面，丁点垃圾也无的地面；可以看到学生弯着腰用抹布一遍遍细心抹擦校园内花坛的瓷片，让它每天光洁锃亮；可以看到校园内干净得可以照见人影儿的洗手台；可以看到考试时教室外集会凳上排列得整整齐齐的书包；也会看见学生们遇见老师时恭敬地行礼、亲热的称呼、灿烂的笑容；还会看见离开校园时学生们眷恋的眼神，深情的拥抱……

易俗河镇一中，以一种自然、自觉、自愿的方式培养着学生良好的品质，学生们知行止、懂感恩、愿读书、有期待，享受被爱的幸福，也开始具备爱人的能力，努力成为更好的自己。

2020年下学期，我再次被派出至排头乡严冲中学任第一校长，开展合作办学。

严冲中学是一所文化底蕴深厚的九年一贯制学校，但地处偏僻，生源少而不优，教师人数短缺，校舍年久失修，条件很是艰苦。学校提供给我的宿舍非常简陋，一间房，墙面灰蒙蒙的，水泥地面坑坑洼洼，仅有一张年代久远陈旧甚至有点摇晃的木架床。临时让人搬来了一张瘸了腿的学生课桌当办公桌。但我认为：老师们能住，我也能住。

作为一个从江声这所名校来到严冲中学的第一校长，我并未站在俯视的角度来看严冲中学，而是极快地融入严冲团队，虚心地向原校长张勇请教，听取张校长的管理建议，后根据自己的经验结合严冲中学实际情况提出建设性建议。学校每有“大事”，都是两个校长商量解决。两个校长同时管理，却从未闹出任何不和或产生过任何矛盾。

在学校管理过程中，我经常在行政例会上将团结合作意识传递给中层干部，要求中层干部一定要拧成一股绳，协作互助，做事要兼容并蓄。同时，指导帮助中层干部重新审视自己的岗位，再次成长。教务主任初次任职初中，缺乏经验，我总是给予实时的帮助和指导，教她规范晨读，严抓课堂纪律，教她指导教师让课堂更有时效性。德育副校长之前觉得农村学校没条件，活动搞不起来。我耐心解释“活动育人”的理念，指导他利用现有条件完成了很多德育活动，如：趣味运动会、严冲艺术节、精细化的德育评比等等。学生“活”起来了，行为习惯好起来了，班主任的管理水平也在活动中提高。连觉得自己没存在感的总务处也坚持组织办公室卫生和布置评比，让老师们的办公环境在自己的精心布置下增加了舒适度，提升了档次。

学校要得到发展必须迅速发展老师。为了提升严冲中学教师教研能力，我主动向江声多学科老师学习教学方法，然后分享给严冲中学青年教师，指导老师们教学。“杏坛之星”赛课季，教育局文件还没正式下达，我就带领教务处发动老师们积极参与，积极准备。六名青年教师报名参赛，我针对每位老师的赛课科目联系江声的骨干教师，对参赛老师进行指导，并随时督促指导磨课过程。功夫不负有心人。仅有23名老师的严冲中学在县级赛课中取得两个一等奖、四个二等奖的好成绩。为了调动老师们上教研课的积极性，提升老师的教学能力，第一学月我主动带头上示范课，所有当堂没课的老师都去听课，个个下决心好好学习，以更积极的态度展开教学。

每一次的全校教师例会上，我总是利用最短的时间做最精辟的总结和最明确的工作指示，这种方式得到了老师们的肯定和赞扬。

农村中学家校协作是老大难。小学部在期中考试之后开展了家长会。在全校性的家长会接近尾声时，一位爷爷家长无理取闹，在会上大吵大闹。甚至在家长会结束后，对着学校大声咒骂，我耐心安抚闹事家长，对家长提出的质疑给出细致的解释，直至家长心平气和地满意离去。我时常在班主任工作群里提醒班主任多与家长沟通，多用积极和肯定的语言对学生作出评价，多向家长了解学生在家的表现和思想动向，促进学生的身心健康发展，和谐的家校关系为学校教育教学工作打下坚实的基础。

合作办学的这两年，我始终坚持以江声相关标准和制度来管理、引领学校的发展，充分利用江声资源促进德育管理、教学教研的提升，实现了发展学生、发展老师、发展家长、发展学校的目标，也为湘潭县办学模式改革及城乡均衡教育发展作出了应有的贡献。

满腔教育情怀
振兴乡村教育

融合学校校长 王镜芳

教育融大爱
携手共发展
湘潭江声实验学校·花石中学

我1987年参加工作，从事乡村教育三十多年，从一名普通的教师成长为乡村中学副校长，而后来到江声工作，一直担任学校食堂管理工作，把江声食堂办成湖南省A级食堂、示范食堂。历届江声学子对江声食堂评价很高，念念不忘，每当回到母校就要再次品尝江声食堂难忘的美味佳肴。

2019年下半年，江声因增加了融合办学的任务，我以一名共产党员不忘教育初心的责任和担当，承担起去花石中学合作办学的重任。五十多岁的老同志，突然要离开干了十多年已经相当熟悉的岗位，去挑战新的工作，需要很大的勇气和决心。更何况我已在易俗河安家十多年，平时以校为家，上下班极其方便，生活稳定平和，突然要远离易俗河奔赴花石中学上班，先不说生活的不方便，舟车劳顿——来回一百多公里的路程，就已经很不习惯了；住宿条件不好，食堂伙食也不怎么样，加上妻子在江声担任班主任，儿媳马上就要生孩子了，因此离开易俗河去花石中学上班与家庭情况是有冲突的。在生活和家庭的种种困难面前，我没有选择退缩，而是迅速进入角色，积极开展工作。在2019年暑假，我远赴上海华东师大参加校长培训班，提升自身业务素养，了解当前最前沿的教育教学新理念、新动态、新做法，学习最先进的教育改革新思想，为尽快适应新的工作做好理论上、认识上和思想上的准备。

履职花石中学，铺就发展道路

以校园文化建设为基础，发展好学校和学生。

2019年下学期，新学期伊始，花石中学全校师生展开了全面的校园文化建设。花石是湖湘文化发源地，湖湘文化鼻祖胡安国先生长眠在隐山脚下，而“天下隐山”就在花石！花石有深厚的文化基础，据于此，我锤炼出花石中学办学理念为：湖湘特色，精英气质；办学目标为：全面发展，人文见长；学校校风为：厚德博识；教师教风为：创新求真；学生的学风为：乐学精思。我想以校园文化建设为基础，指导花石中学教育教学、教研教改等各方面工作。每周的升旗仪式和周会课，我亲自主讲，并把胡安国、周敦颐、曾国藩、毛泽东、齐白石、彭德怀、陈赓等许许多多的湖湘著名的名人故事分享给学生。知识成就人生，知识改造社会，让经世致用的湖湘文化根基种植于学生心田，让乡村中学学生有初步的人生职业生涯认识和规划。从思想上引领学生认识社会，思考人生，全面发展，指引学生正确的人生规划方向，为乡村孩子寻找最好的人生成长之路。

以校本教研为手段，发展好教师。

湘潭县县内民办教育很占优势。所以乡村中学生源的竞争压力很大，乡镇小学的优秀毕业生流向了县城城区学校或各大民办学校，学习基础相对较差的学生则留在乡村中学。我以此问题为校本教研的课题，建立研修团队，研究怎样通过三年的努力让乡镇中学学习基础薄弱的孩子有最好的成长。在我的引导下，老师们明白了，原来教研教改、校本教研并不是那样高大上，并不是乡镇中学做不了的课题，而是要我们通过研究解决自身生存和发展而产生的过程。这是最接地气、最有价值、最有成就感的教研教改活动。全体老师积极参与、相互配合，力争一年小见成效，三年大见成效。学校教研教改风气更加浓厚，老师们的业务能力不断提高，工作热情高涨，精神风貌焕然一新。这一学期，通过积极抓好学生兴趣特长教育，花石中学男子篮球队在湘潭县中小学生篮球赛中，获得了初中组男子篮球第二名的历史最好成绩。

短短一年的时间，花石中学各项工作都有了很大的起色。办学理念跟上时代发展步伐，育人思想科学先进，学校发展步入正常轨道。

支持边远山区，力助锦上添花

2020 年下学期，我又接受更加艰巨的任务，被委派到分水乡较场中学合作办学。路程更遥远、工作条件更加艰苦，但我没有犹豫，没有推辞，在接到通知但还没有正式上任前，就亲自驾车去较场中学调研。细心调研发现，较场中学硬件建设非常落后，但学校的办学成绩却一直优良，近十多年以来，九年级教育教学综合评价在全县总是处在一二等奖之列，老师们的工作主动性、积极性很高，人民群众对学校工作很认可，周边的花石镇、排头乡、甚至衡山县白果镇都有学生慕名而来。这是边远山区乡村中学办学的奇迹。

有了调研的第一手材料，我在胸中谋划出更高的布局。首先引领老师积极寻找和总结较场中学教育教学成绩长盛不衰的秘诀，继续保持和发扬自身优势。接着提醒老师和校委会一班人：现在是别人的不成长成就了我们的今天，我们要居安思危，不断学习，不断超越自我才能不被打败。接着，利用合作办学的机会，组织老师深入江声学校的行政工作会议，学习现代化的学校管理；深入江声课堂，见识优质的课堂教学；走进江声老师办公室，体验江声老师工作的严格要求；参与江声集体备课研讨，学习江声教师踏实的教学作风。通过与江声开展深度合作交流，借鉴江声教学资源，老师们课堂教学水平得到了提高，老师课堂教学理念得到了更新，课堂教学模式得到了改变，学生学习的深度和广度、学习能力提高显著，学习思维得到拓展。

合作办学确实很有成效，老师们从认识上和思想上都有很大的提高，我通过每周的校委会、例会、周会，与学生、老师深入交流，将先进的教育思想、办学理念和新时代的人生观、世界观、价值观带给全校师生。老师们都说：“王镜芳校长是我们见到的最负责任、最认真、最有思想的校长！”2020 年下学期，较场中学期末考试成绩优异，让人惊喜，七年级有五个科目全乡获得第一名，八年级有六个科目获得全乡第一名，较场中学的发展迈上了更高台阶。

振兴乡村，先要振兴乡村教育，江声的合作办学是对振兴乡村教育最有价值、最有担当、最值得赞扬的惠民举措。这一工作，将名垂湘潭县教育的史册！

素心咏芳华

融合合作学校校长 罗芳阳

思考抉择 深情请缨

作为湘潭县合作融合办学外派校长中唯一的女性，2019 年 8 月，我由湘潭县教育局、江声实验学校派任为易俗河镇一中教育教学副校长，开启合作办学之旅。一年后，我又主动请缨派往梅林中学。

这样请缨是有原因的：

师范毕业时我还不到 19 岁，便被分配到了梅林中学，当时的梅林中学师资雄厚，教育教学在全县综合排名前列，教育教学已然形成竞争机制，氛围浓厚。然而后来，在时代发展的潮流中，随着农村人口大批进驻城区，生源数量锐减，质量渐低，梅林中学渐渐破旧、被遗忘。一次偶然的机会，我看到梅林中学的教学楼与教师宿舍仍是建校之初的模样，旱厕没有防护，操坪里没有学生活动的像样的体育器材，更没有篮板；草坪里只有很多留着防飞沙的杂草，教室门框朽烂，有的无法上锁，墙壁、地面斑驳坑洼；庄严肃穆的升旗仪式上，两个升旗的孩子却一个穿着红花衣，一个穿着蓝花短裤。进一步了解时发现，学校综合素质镇内联评多项没有启动，老师们平均年龄 47.8 岁，且五年未见新面孔。看到这些，我经过思考与抉择，最终决定：选择赴梅林中学，担任融合合作办学学校校长，为梅林中学的教育发力！

精准把脉 沉稳规划

2020 年 8 月 28 日我到易俗河镇梅林中学报道时，离开学只有两天。我一边迅速与德育、教学负责人了解教育教学现状与困惑，一边和行政团队仔细查看校园每一处，确认急需维修建设、添置的项目及估价，草拟申报报告，保障后面硬件的及时到位。8 月 29 日，召开梅中第一次行政会，形成对部门的建议、指导和要求。晚上分别通过微信或电话联系各人员指导德育、教学、工会各项工作，另外调集江声援助力量，以及管理资源力量等协同援助梅中部门工作。30日召开全体教师会议、教研组会议、毕业科目教师会议，三天时间里火速上岗，了解、分析、把脉、筹划、安排，31日顺利开学，寄宿生上第一天晚自习，一切井然有序！

之后，我决定根据本校的实际情况，在原有成熟办学的基础上进行调整。本着保证资助金、财物不重复、不浪费，有助于学生发展、教学发展，向上级与社会力量合理地申请与投入等原则，树立了学期工作目标：安全、文明、发展，并确定了本学期工作核心：唤醒教师激情。

我深知，学校要发展，第一要务就是激活唤醒老师的工作热情。于是我从真诚赏识教师入手，设计了梅中“最美发现”的行政值日记载，让全校老师都看到了：王老师雨天主动填补操坪泥坑，陈老师经常和学生谈心，龙老师帮助搞卫生，所有老师上课的状态，食堂值日与配餐的身影，行政会议、审账、接待各项检查等等工作动态。每一项工作完成后，我都及时进行鼓励与总结。为了提高教师的教学水平与课堂质量，我亲自上示范课、参与录课、评课议课，钻研课题，带领教研组长、学科教师多次到江声和兄弟学校学习交流；手把手教会老师们扫描并保存整理自己的证书和资料；开设了学校公众号并进行前期建设；我倡导阅读，给全校的学生赠送了一个亲自设计的精美读书笔记本；指导学生主持、指挥、朗读，和老师们一起唱红歌并担任老师们的指挥。我认为，校长就是学校流动的活教材，只要在校长岗位，就得为学校教育、为老师和学生做点实事！老师们看到了我所做的点点滴滴，都说看到了学校发展的希望，感觉到了温度与方向！

老师们常说，佩服我小小的个子、美美的样子，不论在管理方面还是专业方面始终满怀激情地引领行政班子带头干。上至学校的发展谋划、每一个会议、检查、各类活动，下至弯腰捡校园垃圾、修理重装国旗、种植花草、搬运桌椅工具等工作，我都和行政们亲力亲为。教育教学管理方面，我时常咨询教学进度、教师学科教学的困惑、班级贫困学生情况，并根据情况提供资源支持。外出学习回来后，我会主动在例会上向全校老师汇报与分享。我还鼓励、指导老师们撰写论文，挤出时间帮他们修改。例如鼓励全体行政人员参与湖南省基础教育学会的“名师杯”优秀教育教学成果比赛；组织鼓励老师们投稿省级及以上书刊，有40多人次获得奖励。老师们领奖时激动地说，好多年没获奖啦！有的老师甚至是人生中第一次获得教研方面的奖励。也许，老师们在教研教学上因为学习而获得的满足感和幸福感正是唤醒和点燃激情的最好表现。

为了使学校制度更加完善，学校决策更加公平、透明，每一次关于学校工作的谋划我都邀请老师们参与，保证每个老师的知情权、发言权。每一件学校大事或涉及教师的事，比如教师发展的管理、培训、激励、评价、考核、晋职等，都先由相关部门出示方案，在工作群里公示并听取意见，及时增改，形成完整制度体系后，再按公约的制度实施，特别是关系教职工切身利益的事项，都会先有沟通有商议，最后通过教代会，进入办学章程。在学校经费捉襟见肘时，我将仅有的经费和资源优先考虑教育教学一线老师，还对教职工子女设立相关经费免费制度，让老师们感受到尊重与关心，有学校主人的尊严和归属感。同时和退休教师及时交流，传递有关精神。这样一来，校长、老师、学生和学校成了密不可分的荣辱与共的整体。

合力东风 沐浴芳香

通过引导，梅中行政团队学习了江声的大校担当、务实进取，梅中人受江声人“乐于奉献、追求卓越”的精神激励，不断成长进步。尤其是江声督导促进了学校管理的良性发展。一年来，江声送上优质课40余堂，让梅中孩子感受送教老师克服重重困难但却准时到达带去的精心设计的课堂；梅中学生也和江声同学一样，有凝聚江声老师智慧和心血的免费的《江声乐园》辅助学习；学生们穿着江声赠予的印有江声教育集团的新校服，感受着装整洁整齐，让平凡的过程多了仪式感，因为这样的教育共享合作，才有了亲身体验最优质的教育资源机会。

合作办学以来，梅林学校办学条件日臻完善，开学第十二天教室便装上了电子白板。后来，县局实地考察后，决定对校舍分步维修，改造资金立项预计达76万。

与此同时，我积极向社会募捐，为全校学生添置了全新的不锈钢八人餐桌椅，增添了室外乒乓球台，并带领行政人员和老师亲自动手做义工，清理县一中更新后闲置的不锈钢货架、货柜以武装梅林餐饮设施，更新了升旗绳索，整理了礼堂等等。我私人还捐赠了一小货车的茉莉、三角梅、茶花、中华凌霄、绣球等花草，由行政班子带头，与老师们一起分栽在校园各处，为的是在工作学习的环境里，让师生看到盛开的鲜花，感受到希望与美好！短时间内，梅中校园面貌便焕然一新，尤其是师生精气神凸显，学生们蓝白相间的校服，老师们合体有气质的工作服，朝气蓬勃的身影，团结活泼的敬业氛围，成为梅中一道靓丽的风景线。

对于梅林中学的变化，学校家长和师生向我表达了感谢，但我觉得更要感谢教育局党委和江声肖正章董事长、贺振华校长对我工作的肯定与信任，交给我外派梅林中学合作办学管理的重任，以及已经和正在给予的人力物资尤其是精神的无私支助。我希望努力点燃老师们的自信与激情，点亮孩子们的成长梦，给梅中的每一个孩子和学校播下善良、正直、奋发、信念、感恩、探索的所有美好种子，并生根发芽开花，从而辐射全社会！

敛气成虹　挥戈前行

融合合作学校副校长 程化虹

我是一个有着二十多年农村教学经历的中年教师。

2008 年下学期，我从湘潭县第一职业技术学校调入湘潭江声实验学校，学校安排我到食堂参与食堂管理工作。在食堂工作期间，我主要参与和负责食堂的采购。从事十多年的采购工作的我，每天不到五点就要起床出发，不管刮风下雪，我都从未迟到过。我为人正直，不接受供应商宴请和礼物，常跟供应商们说的一句话是：你们能为我们提供最好、最新鲜的食材就是对我们最好的尊重。由于工作出色，2013 年，学校提升我为食堂部副主任，2018 年被评为学校“优秀服务之星”。

2017 年，江声学校为支援公办学校的教育，陆续派出部分骨干教师到县内部分公办薄弱学校担任校长。2019 年下学期，停办两年的易俗河镇一中恢复招生，以缓解易俗河城区的就学压力，江声学校决定派出三位教师前去支援，其中需要一个负责后勤工作的教师，领导想到了我，跟我交流时，我有些犹豫，毕竟自己五十多岁了，有点担心力不从心。但我经过慎重考虑后，还是服从了学校的安排。8 月 25 号，我和一同派去担任校长的刘镔老师到镇一中看看学校开学前的情况。当时我们看到的是：校内又乱又脏，很多设施设备都未到。刘镔校长一看急了，他说：“老程，再过几天就要开学了，学校还是这个样子，怎么按时开学？”我对刘校长说：“你别急，我就联系。”当天下午，我就安排人手，装设备，搞卫生，燃气没有到位，就亲自跑到燃气公司，找领导帮忙，周六周日加班开通燃气。学校网络没有开通，我又找到电信公司领导，请他们派人加班加点。到 9 月 1 日，学校开学各项准备工作都已就绪，校园焕然一新，顺利开学。

开学后，我在负责学校后勤全面工作的同时，还亲自抓食堂工作，每周为食堂制定菜谱，利用有限的资金，尽量让师生们吃好。我认为让学生吃好是做良心工程，造福社会。经过精心管理，镇一中的食堂得到了老师学生的一致好评。

2020 年下学期，镇一中的学生转到子敬初中学习。一年的支教工作结束后，我又被派到天易水竹学校担任后勤副校长，在新的工作征程中，我一如既往地做好此项良心工程，执着于食堂“让学生满意、让老师满意”的理念，每天坚守在食堂工作一线，力争把各项工作做得更好，所以，当期末江声督导室一行到天易学校督查，问到接受调研的学生食堂伙食情况时，学生们均用风趣的语言回答“肥好！”“贼好！”这是对合作学校食堂工作的肯定，也是对我莫大的鼓励。在以后的工作中，我将继续为融合合作办学贡献力量！

成长“六变”

融合合作学校校长 刘雄

回顾在融合学校——茶恩寺中学担任校长的成长经历，我用“六变”来概括：一变“被动”为“主动”，二变“粗放”为“精细”，三变“不能”为“可能”，四变“厌学”为“好学”，五变“危机”为“转机”，六变“闭关”为“共享”。

一变：变“被动”为“主动”

在当前的形势下，学校要面临各类督查、评比，要配合政府部门组织各类教育活动，有时候目不暇接，时间紧，任务重，老师们颇有微词，而且效果还不尽如人意。面对这种情况，抱怨是无济于事的，那要怎样解决这个问题呢？我认为与其被动接受，不如主动出击。我找中心校的领导和学校的行政人员了解到，有很多活动开展的时间都比较固定，所以我要求学校各部门整理上一年度迎检所做的各类资料，确定每个月我们要接受的督查、评比有哪些？组织的各类活动有哪些？然后在制定本学期部门工作计划的时候把这些督查、评比和活动写进去，在县局和政府组织这些活动之前，就提前进行安排。同时平时做好各类常规管理工作，做好资料的收集和整理，这样坚持一年，那么不管督查、评比和活动什么时候组织，我们随时可以拿出数据和资料，迎接检查。迎检工作如此，我想其他工作也如此，主动出击，未雨绸缪，工作就能变被动为主动。

二变：变“粗放”为“精细”

多次外出学习，参观了很多办得很好的学校，发现他们有个共同的特点，那就是精细化管理。很多事制度化、流程化，让每一位老师熟悉常规工作规范化的操作步骤，可以大大提高工作的效率，减少沟通的成本。我在茶中也尝试着这样做，一年来，对教育教学常规工作的制度进一步完善，组织各类活动时都制定了详细的方案，并加大对老师、学生的宣传，让制度、规范深入人心。为了发挥团队的力量，人人都关心学校，肯定先进，营造积极向上的氛围，我明确要求行政人员和老师们积极寻找校园内的好人好事，拍照发到工作群内。人人都是德育工作者，发现学生好的、不好的言行及时肯定或制止。人人都是安全员，校园内哪里卫生不好，哪里存在安全隐患，都拍照发到群里，学校相关部门及时处理。刚开始的时候，有的老师还认为把不好的事情拍到群里得罪人，不愿意拍。我就带头示范，坚持一段时间后，大家发现了这样做对学校的好处，很多不好的现象能得到及时的制止，很多安全隐患被发现，及时整改。也有很多默默无闻、无私奉献的老师他们所做的努力被大家看到，老师们纷纷在群里点赞，为他们喝彩。学校的风气也有了较大的变化，老师们勤勤恳恳，积极向上了。感受到学校的变化，老师们也慢慢地接受了这样的方式，学校的管理不再是部分人的事情了，也慢慢地朝着精细化的管理模式发展。

三变：变“不能”为“可能”

进入茶恩寺中学任校长后，了解到学校经费情况比较紧张。而学校各方面的条件又比较落后，急需改变。如课桌破损严重，床铺还是清一色的铁床，学校 12 间教室只有 4 间有多媒体。单身公寓一层 4 间寝室住 48 人，只有一个蹲位的厕所，一个不足 9 平方米的洗手间。学校热水供应不足，学生喝水要么去商店买，要么直接饮自来水；学校的发电机严重老化，只供教学楼都老罢工，学校市电进校线路严重超负荷；教师公寓、教学楼线路严重老化，存在较大安全隐患；教师办公桌老化，破损严重；缺少寝室，缺少功能室，排污系统老化严重，对周边造成影响，校群关系紧张；校内公路将校园一分为二，学生进出安全得不到保证等等。在政府财政紧张这个大环境下，要一下子解决这些问题是不可能的。但我没有泄气，我相信有政府、县局的大力支持这些都不是问题。所以我一个问题一个问题的打报告，争取支持。在县局各位领导的关怀下，在江声的鼎力支持下，在中心校冯校长的指导和唐耿校长的努力下，我们安装了八块电子白板，更换了一半以上的课桌，更换了一半的床铺；建起了浴室，通上了热水，安装了直饮水，并到班到寝室；对教学楼线路进行了改造，整理了配电间，更换了大功率的发电机，疏通了下水管道。学校有的问题虽然到现在还没有得到解决，但都有了眉目。如旱厕改水厕，重新铺设排污系统已在规划中，有望暑假动工。综合楼改建，可以解决功能室、寝室不足的问题。经历了这么多事，我最大的感受就是有上级领导的支持，很多的不能都可以变成可能，就看自己想不想干，争不争取。

四变：变“厌学”为“好学”

刚到茶恩寺中学的时候，老师们都不太愿意参加各类培训，也不太愿意看书，钻研业务。后来我组织行政人员、教研组长一班人到江声跟班学习，组织全校师生到江声体验，组织班主任到江声参加班主任培训，又给每位班主任购买了贾高见老师的书。这一系列的活动，我自始至终都全程参与，与老师们一起学习，分享心得，老师们慢慢地喜欢上培训了，虽然调课麻烦，培训辛苦，但收获却是满满的，能解答很多工作上的困惑。在茶中的这一年，我也扎实地读了几本书，每次有老师到我办公室来谈工作或聊天，我都借机推荐，老师们也赞同我的说法，也开始能看到工作之余爱上读书的老师了。

五变：变“危机”为“转机”

去年 12 月 13 日，学校一排开关因用电负荷过大，起火燃烧。幸好发现及时，又幸好当时没有人在教室，所以损失不大。事情发生后，我迅速上报中心校，汇报情况。同时请求中心校为学校的线路改造做指示。经过中心校冯校长、唐耿校长的努力，县局支持我校立即对校园线路进行整改，边走程序，边请电工马上查线，进行改造。借线路改造的机会，学校提出配电间也存在很大的安全隐患，还有教师公寓的线路也是多年没有整修，希望借这次改造，对这两处也一并进行整改。学校的提议很快得到了县局的支持，局里建管站的领导亲自到现场查看，指导学校线路改造工作，对配电间进行升级。领导回去没多久，学校突然停电，发电机又再次罢工，彻底坏了，导致晚自习无法进行。我及时向上汇报，说明情况。想借助线路改造的机会，购买一台发电机，彻底解除停电这个安全隐患，再次得到上级的支持。然后我趁热打铁，第二天就把发电机买回来了。虽然开关起火，让我后怕了好一阵子，但借助这次“危机”，我争取到上级的大力支持，购买了配电屏、发电机、AST 自动柜，更换了进线、连接线，改造了教学楼、学生公寓楼线路，教师公寓的线路也立项得到批准。实实在在的“危机”变为“转机”。

六变：变“闭关”为“共享”

合作办学一年来，每一次江声肖正章董事长组织到各个学校召开的推进会，都让我获益匪浅。去了歇马、到过茶园，进过天易水竹。每次推进会各校工作汇报，都能让我了解到自己工作的不足，看到他人的优势，不断鞭策自己进一步加强管理，缩小与兄弟学校的差距。我们五所学校，每次考试都采取联考的方式，班级多了，人数多了，数据分析起来更有价值，对老师们也很有促进作用。因为不再是一两个班之间的比较了，而是十几个班。教得好的老师更有成就感，教得不好的也有了更多的压力和动力。

江声中学和茶恩寺中学合作办学一年来，得益于江声的无私奉献，县局、中心校的全力支持，茶中的面貌有了可喜的改变。江声先进的教育教学理念，先进的管理理念正在慢慢地渗透到茶恩寺中学的各个角落，相信茶恩寺中学会越办越好，成为湘潭县南大门的优质中学，为湘潭县吸引来更多的优质生源，为湘潭县的教育做出更大贡献。

第三章

融合宣传

江声与乡镇学校融合合作办学以来，每年都对融合学校进行了师生校服、教学用品等的捐赠；另外组织了送教、支教、教研组交流、同课异构等教学活动；班与班之间展开了手拉手、班级结对等学习、生活帮扶活动；通过融合学校师生到江声的体验活动，开阔了乡镇学校学生的视野，增强了他们追求卓越的进取心。每年这样大大小小的活动，江声与融合学校一起组织平均达 150 余次，每一次活动学校或班级都进行了相应的宣传，产生了深远的影响。一篇篇文字，一张张照片，都记录了这些活动的痕迹，影响了乡村学校的教育教学，感动了无数的家长、老师及学生。这些为融合办学留下了许多宝贵的历史资料，值得我们留存与纪念。

为教育均衡难题开出解题妙方

——湘潭江声实验学校融合、合作办学助推教育均衡高质量发展纪实

欧阳天　汤颂　周玲　谭海利

3月30日，春光明媚，走进湘潭县严冲中学、较场中学、古塘桥中学、花石中学、锦石中学、梅林中学、水竹学校，记者感觉每一所学校都干净整洁，统一着装的师生精神抖擞，一派朝气蓬勃的景象。

湘潭县教育局相关负责人介绍说，全县发生这种变化的学校还有很多。这还得从2017年湘潭县教育改革试点——湘潭江声实验学校与云湖中学牵手合作办学说起。

云湖中学曾是一所底子薄弱的乡镇中学，连续多年综合质量评价在全县靠后，生源流失严重。合作办学试点短短一年里，该校不仅校容校貌、校风学风取得翻天覆地变化，综合质量评价跃居全县前列，每年入学人数也节节攀升。是什么原因让学校有了这么大的变化？

先行试点见成效

湘潭县是教育强县，但存在着“名校挤，薄弱学校空”现象，这一点和很多县域教育现状相似。实现教育均衡发展，既是湘潭县教育工作的重点，也是难点。

2017年下学期，湘潭县县委、县政府和县教育局以改革寻求突破，提出由湘潭江声实验学校（以下简称“江声学校”）与云湖中学结对合作办学，探索教育均衡、助推乡镇中学高质量发展之路。江声学校党委书记、董事长肖正章二话没说，就接下了这个重担，并全力以赴投入到筹备工作中。他找了当时36岁的校长助理汤颂谈话，鼓励他做第一个“吃螃蟹”的人，并叮嘱他：“第一所学校的试点是关键，一定要尽一切努力办好，要带动云湖桥中学甚至云湖桥镇片区学校整体办学水平的提升。”

带着各级领导的殷殷嘱托，汤颂走马上任了。在肖正章全程指导和江声学校全力支持下，他将江声学校长期积淀形成的办学思想、育人理念、管理智慧、优质教育资源等带到了云湖中学。在当年全县期末初中学业水平测评中，云湖中学九年级的抽考成绩由以前的全镇倒数一举跃居全镇第一。在2018年的中考中，八年级的地理、生物成绩

位居全县第 6 名，普高上线率超过 60%。在当年的全县教育质量综合评价中，云湖中学跃居全县第 14 名。云湖中学师生的满意度和云湖桥地区群众对学校的满意度均达到 90%。

这次试点可谓大获成功。在湘潭县名校长工作室到云湖中学调研时，一位家长感慨说："以前只听说过教育情怀，作为一位家庭妇女，并不懂得是什么意思，昨晚几位家长一起吃饭时谈起江声学校对云湖中学的合作办学，我忽然就明白了什么叫情怀"。谈到自己小孩的变化和进步，家长还激动得掉下眼泪，这一幕深深感动和激励了在场的校长们。

不忘初心勇担当

任何成功的背后都必然有大量的付出。一年的时间里，江声学校不仅为云湖中学提供了各种硬件、软件上的支持，还将名校最宝贵的财富——多年积累的教育教学管理经验倾囊相授。

这些付出值得吗？"值！"肖正章的回答响亮而干脆，还透着一股力量。"江声 20 余年的发展着实不易，从创办时求生存，到改制时抓住机遇发展壮大，再到高位时毅然改革推动课程、理念创新，终于成为湘潭市闪亮的教育名片。然而，这并不是我们的目标，我们当时创办江声学校的初心是什么？是为了给学生、家长提供真正的优质教育，为学生的终身发展奠基，办党和人民满意的教育。一枝独秀不是春，百花齐放春满园。江声始终怀着一颗感恩的心、责任担当的心，'祖国在我心中'是江声师生始终践行的校训。当江声越办越好，走向卓越，我们更要担当奉献、回馈社会，辐射引领其他学校走向卓越，让孩子们能在家门口上优质学校！"

试点成功后，湘潭县县委、县政府紧接着出台了《湘潭县改革办学模式，推动教育均衡发展实施方案》，以"名校＋乡镇学校""名校＋城区公办学校"协同发展的方式，全面推进办学模式改革，由点到面，深入到了全县各中小学校。如今，全县已有 30 多所学校参加。仅江声学校就已先后与云湖桥、茶恩寺、茶园、中路铺、杨嘉桥、天易水竹、河口、易俗河镇一中、古塘桥、锦石、花石、严冲、梅林、较场、歇马、乌石峰等 16 所中学实施结对帮扶。

其中，2020 年和 2021 年，江声学校同时与 7 所公办学校结对，这意味着江声学校要派驻更多的骨干教师。让老师们离开环境优美的江声学校，到地处偏远、条件落后的学校去任教，他们愿意吗？

为此，肖正章一次次在行政会议上谈教育初心，谈教育情怀。在他的感召下，汤颂、刘金城、莫国强、艾正强、罗芳阳、刘镔、王镜芳、程化虹等一批中层行政人员毅然前往各所融合、合作办学学校任职。一场轰轰烈烈的助推教育均衡、促进乡镇中学高质量发展的“破冰之旅”由此开启。

精诚“破冰”暖人心

“难不难？”

“难！”回忆起当初的场景，江声学校的每一位外派校长都这样说。

难的不仅仅是所在学校离县城远，不能兼顾家庭，也不仅仅是需要资金的投入、硬件设施的改善，最难的是打开当地学校教师的“心锁”。因为按照江声学校的理念来开展教育教学工作，这对老师们的要求更高、更严。

精诚所至，金石为开。这些校长们以诚心、公心赢得理解与效仿。

外派到素有“湘潭西藏”之称的歇马中学，莫国强校长每周一早上六点从家里出发，驱车40多公里，7点之前第一个赶到学校，迎接所有学生、老师和家长。

“学生看老师，老师看中层，中层看校长。”这是外派到锦石中学的刘金城校长的肺腑之言。上课缺教师，他上；班级文化建设不会做，他上；学生工作有困难，他上……

为了提升严冲中学教师的教研能力，刘镔校长没少“回娘家”“捋羊毛”。他主动向江声学校多个学科的老师请教教学方法，然后分享给严冲中学的青年教师，指导老师们教学。“杏坛之星”赛课季，刘校长联系江声学校的骨干教师，一对一给予指导。刘校长不光牵线搭桥，还随时督促、指导磨课。为了调动老师们上教研课的积极性，第一学月，刘镔带头上示范课，以此推动教研工作的开展。

……

各所学校的巨大变化，师生和家长都看在眼里，喜在心里。歇马中学的老师感言：“因为合作办学，我们的校园面貌焕然一新，学校硬实力进一步增强：教学楼屋面全部改造；教室重新规范化布置；有了崭新的课桌椅。”每所学校的老师们都由衷感慨：“师生统一着装，成为校园的一道亮丽的风景线，极大提升师生的外貌气质。更重要的是，老师和学生的内驱力都越来越盛了，进取心越来越强了。”

江声学校和外派的校长用他们的行动和真心，赢得了学校师生认可和支持。“心锁”解开了，融合合作办学模式探索之路加快步伐推进。

融合有方结硕果

今年3月23日至29日，江声学校与7所融合合作学校开展了毕业学科的“同课异构”的联合教研活动，市、县两级教研员都参与指导。经过三四年的不断摸索、探究，江声学校已走出了一条融合合作办学的成功之路。

江声学校与相关融合合作学校开展了一系列活动：乡镇中学的师生来江声学校体验教学、生活，教师随时可来江声学校参加教师培训活动；每周都有优秀教师送教或送培到校；教研组、行政班子结对交流，深入学习教育教学管理经验；班级和班主任开展结对交流，开展同阅读、共植树等活动；合作学校的师生可无偿使用江声学校优质的教学资源；学校督导室定期对相关学校进行督导，及时发现问题，督促整改……这些措施，使得融合合作学校的师生们的思想理念得到了提升，大家的理想更高了，劲头也更足了。

不仅如此，江声学校党委书记肖正章和副书记、校长贺振华等领导还定期到相关学校进行调研，深入了解各方面的情况，对派出的校长提出严格的要求，研究制定和实施帮助计划。江声学校每月召开一次融合、合作办学推进会，每学期召开一次总结会，并以调研、实地考察、答辩等形式，对派出校长一年来的工作情况进行考核。这些管理骨干得到了极大的锻炼，也进一步提升了融合合作学校的办学水平。

“好雨知时节，当春乃发生。随风潜入夜，润物细无声。”几年过去，与江声学校进行融合合作办学的16所学校，都在短时间内实现了硬件条件、管理团队、育人理念、校风校纪、教育教学成绩的飞跃，取得了丰硕成果，数以万计的师生家长受惠。

其中，云湖中学不仅在校学生人数年年攀高，老师们的面貌也焕然一新。老师们义务辅导学生不辞辛劳，即使因实施分层走班教学任务增加了，但也乐在其中。临退休老师还主动担负起宿管老师的重任。花石、古塘桥、梅林、河口、锦石等各所中学也力推素质教育，全面培养学生核心素养，坚持每周开设特色课程，如英语会话、拔河、跳绳、数学图案创意设计等，让学生在快乐中学，在活动中学。

融合仅一年多的天易水竹学校，教师的专业水平提升尤为明显。在2019年全县“杏坛之星”比赛上，该校16位老师荣获县一等奖，5人获二等奖，创历史最好成绩。2020年，该校20位老师参加湘潭县杏坛之星赛课有18位老师获得一等奖。

而锦石中学的师生、家长更是异口同声地请求：“刘校长，请带领我们三年！”刘金城校长深受感动，继续留了下来。这也实证了江声学校实施的融合合作工作深入人心，取得了丰硕成果。

更让人意想不到的是，融合合作办学不仅获得了相关学校师生、家长的赞誉，还令其他乡镇中学的校长也怦然心动。乌石峰中学的校长主动找到江声，请求江声给予帮助，申请加入到合作办学的队伍中来。于是，从去年起，江声学校又多了一个合作学校。该校行政班子每月来江声学校观摩行政会议，学习管理经验，老师们则每周来参加江声学校各教研组的集体备课，学习教学方法。

湘潭江声实验学校积极响应政府号召，在融合合作办学上走出了一条新路子，想出了许多金点子，正有力地推动湘潭县教育朝着均衡、高质量发展的方向稳步前进。学校将继续在开拓创新、稳步发展的同时发挥示范引领作用，协同更多的学校一起扬帆奋进新时代，昂首阔步新征程。

（此文刊登在《湘潭日报》2021 年 4 月 21 日第三版）

合作办学利人民，城乡教育谱新篇

“一花独放不是春，万紫千红春满园”。2018年—2019年，我校与五所学校结成合作学校，选派了业务骨干到县城内一所新建的学校和四所农村学校担任校长，为深入推进义务教育均衡发展，实现全县“教育资源共享，城乡学校共同发展，办学水平整体提高，教育公平落到实处”的目标起到了积极的推动作用。

6月21日，湘潭县域合作融合办学成果展示暨名校长工作室培训活动在我校举行。县教育局局长李鹏、副局长彭利红、师训股股长张金玉等领导出席会议。县教育局名校长工作室主持人肖正章和县教师进修学校副校长彭丹丹、县职业技术学校副校长周智力、县第四中学校长聂小波担任专家评委。

融合合作办学学校校长、派出学校校长、融合合作办学所在中心校校长及所在学校校长、县名校长工作室全体成员共60余人参加了会议。

城区江声、云龙、凤凰实验学校和百花小学、子敬小学、云龙小学、天易金霞小学派出的11位老师汇报了一年来合作办学的成果。在专家答辩环节，他们与融合合作办学派出学校校长、融合合作办学所在中心校校长及所在学校校长组成4人答辩团队接受了专家提问。

我校的汤颂、艾正强、刘金城、刘雄、莫国强5位老师结合PPT，详细介绍了合作办学的举措、方法、成果。他们用心、用力、用情，解决了硬件设施落后、师资力量薄

弱等困难，达到了“合作学校校园文化靓校园，城区名师支教优课堂，城乡班主任结对帮扶增情谊”等目标，实现了所在合作学校的巨变，实现了 1+1 > 2 效应。

作为派出学校的校长，我校校长贺振华 5 次登台参加答辩，他汇报了我校积极参与、推动融合、合作办学工作的主要做法和经验：提供硬件支持；实施师资培训（含校长培训）；管理人员、教研组长、班主任结对交流；班级、学生手拉手帮扶；送教下乡；定期督导……现在，我校支援的五所学校呈现出良好发展态势，教育教学质量显著提升，备受老师、家长、学生好评。

作为湘潭县名校长工作室主持人，我校党委书记、董事长肖正章对全县所有参与合作办学工作的老师们表达了感谢之情，他说：老师们辛勤的耕耘付出和深厚的教育情怀是令人感动的，更是值得学习的。他还就如何巩固合作办学成果谈了自己的看法。他建议“进一步深化合作交流：校长与校长进一步深度交流；学校与学校进一步加强对接；多开展结对友好班级活动；合作学校多主动向城区优质学校学习。”他还希望全县名校长工作室的成员认真总结、反思合作办学的经验与不足，积极探索新路子，想出金点子，为湘潭县教育的均衡发展做出更大的贡献。

与艺同行，共创美好未来

——我校美术老师与河口中学联合举办作品展

我校美术教研组的老师们在搞好教育教学工作的同时，勤于实践，勇于创新，不仅以专业技能美化校园，还指导河口中学举办了美术作品展。

6 月 17 日—28 日，我校美术老师对校内的一扇围墙进行了美化设计，并亲手制作了手绘文化墙。该文化墙将传统文化和校园文化相结合，以学校建筑作为主要的图案元素，用中国传统剪纸艺术的表现形式，搭配丰富的色彩，展示了青春活力的七彩校园。

7 月 1 日上午，我校邓丽、袁园、李成婧子、骆奥娜、陈琬倩等美术老师到河口中学带领该校 167 班的学生布置了“与艺同行——共创美好未来”美术作品展。

本次展览的作品主要来源于该校的美术课堂教学，分为剪纸、硬笔书法、致敬凡·高、创意版画 4 个大的板块。展出分两部分呈现，一部分用展板展出，一部分用画框装裱将在教学大楼展出。这不仅能装扮校园，也给孩子们更长远的艺术熏陶。

我校邓丽老师到河口中学支教期间，认真教学美术，带领学生亲近艺术。在每周的课堂教学中，教师慢慢渗入，学生细细创作，并在此过程当中认识美、感受美、创造美。邓老师收集了学生的优秀作品，进行装裱，我校美术组老师与学生共同设计、布置了此展览。这一活动带动了

河口中学美育的创新发展，进一步落实了素质教育理念，为学生的全面发展注入了新的活力。

河口中学学生感言

剪纸课程至今让我记忆犹新，回味无穷。它是我国传统文化艺术之一，希望能被更多人认识，把剪纸艺术好好传承下去！（168 班方思喆）

这次展览很有意思，包含着我们对未来美好生活的期望！我有幸参加此次活动，乐趣盎然。希望中国传统文化能一直被大家接受且发扬！（168 班张思瑶）

河口中学校长感言

感谢江声肖董事长合作办学的理念，给农村学校带来了优质的资源；感谢江声美术组的全力付出，促成了本次展览的呈现；邓丽老师是一个有情怀的支教教师，对待河口中学的学生就像对待江声的学生一样，精心教学，细致筹备，为全校师生带来了一个别样的美术作品展，为学生打开了一扇艺术的大门！（莫国强）

教育融大爱　携手共发展

本学期，我校持续发挥领航作用，加强县域内初中学校间的深度交流，助力全县教师专业化成长。

9月12日，与我校融合办学的天易水竹学校、花石中学、锦石中学、河口中学、中路铺中学、易俗河镇一中、乌石峰中学的行政管理人员和教研组长近150名老师来我校参加了办学交流、提升活动。

教育融大爱　携手共发展
湘潭江声实验学校融合合作办学
交流提升活动
水竹、镇一中、中路铺、花石、锦石、河口、乌石峰

老师们首先参加了我校本周的行政会议。会议由我校校长贺振华主持，教学、德育、党政办、后勤、督导室、工会等部门的校级干部就上周工作进行了精当总结，对下周工作进行了具体部署。大家都言简意赅，切中要点。全体行政人员一如既往地认真听会并做好笔记。贺校长就安全教育、德育管理、教学教研工作、中秋假期纪律等提出了具体要求。这一会议形式对来自合作学校与会人员起到了最直观、最有效的示范作用。

我校党委书记、董事长肖正章以幽默风趣的语言与老师们畅谈了他近日来的教育见闻和教育思考，他强调“教育是爱的事业”“教育应注重细节”“教育应潜移默化”，并重点就合作办学工作提出了期望与要求。他希望在我校派出的管理人员和送教教师的影响下，相关学校更新教育管理理念，提升办学能力，不断向前发展。

会后，我校相关的行政人员、教研组长、备课组长还与来访的老师进行了深度交流，真正实现了资源共享、优势互补。

大家还走进各科课堂，听了我校14位优秀教师的展示课。活动结束，来访的老师们表示很有收获。

为了更进一步带动合作学校全面发展，我校还将开展支教送培活动。9月11日，我校召开了本学期支教工作会议。学校党委副书记刘辉、督导室主任何立军给支教老师们提出了具体要求。胡焕老师作为支教老师代表分享了支教感受，并鼓励老师们当好“形象大使”“宣传大使”“交流大使”。

莫国强老师代表合作学校的校长发言，点明支教的重大意义，以实例说明了支教给乡镇中学的发展带来的益处，并对支教老师的教育情怀与奉献精神和江声领导的大格局表示感谢。

守教育初心，聚教育合力。我校将继续践行城乡一体化发展理念，扩大优质教育资源的覆盖面，与各所合作中学携手共进，为县内广大初中学生创建更美的求学殿堂！

校际交流情意深　传经送宝暖河中

沐浴在冬日暖阳中，河口中学迎来合作办学又一盛况。2019 年 12 月 2 日上午江声何立军副校长率领学校督导室以及专家名师对河中的管理及教育教学工作进行全面督查与指导。下午江声九年级全体语文教师与河中语文组进行研讨交流活动。

江声督导组检查了两处工作资料，实地参观了合作办学以来校园的整体风貌，再在全校随机抽取二十多名学生进行问卷调查，还以电话询问的方式向家长调查学校的教育教学开展情况，专家名师成员分九个科目深入课堂听课，课后与任课老师进行交流，有针对性地指导。督导组对河口中学的各项工作给予了高度评价，对于年龄结构大的一群中学老师仍葆有这样的干劲赞许不已。

下午一点半，江声中学九年级语文组一行二十多位教师准时到达河中，在汇报室进行简单的见面仪式后，全体成员与河中语文组全体教师以课堂联动情谊，开展现场研讨交流。

研讨的第一节由河中九年级语文老师唐碧霞执教文言文《唐雎不辱使命》的第一课时，唐老师用自身的教学艺术感染学生，用知识去激发学生。她的课如其人，知性、优雅、大气。

研讨的第二节课由江声的陈芳老师接着执教《唐雎不辱使命》的第二课时，她自己以这次受命希望不辱使命机智巧妙引入课堂，驾驭课堂轻松，有高度、有深度，课堂设计独具匠心。

两校研讨课默契地无缝对接，听课老师们无不感慨，河中教师的扎实教风，学生较高语文素养的展现，师生对话和谐又不乏幽默风趣。

研讨课后两校语文组

在汇报室深度交流研讨，研讨会由河中语文教研组长唐岸峰老师主持，首先由两位执教者对自己所执教的课进行说课，再两校各派两名代表对两堂课进行专业的点评，尤其是获省级一等奖的江声年青语文老师王丹蕾，点评的专业水准征服了在座的所有人，更让语文老师叹服其在语文学科上的专业成长速度。

江声领队周玲主任做此次交流研讨活动的总结，对河中师生的表现给江声的语文老师带来的震撼赞不绝口。

这是一次促进两校语文教学能力的交流研讨，更是一次增进彼此友谊拉近距离的大融合。感谢何校长及江声专家团队一行对河口中学合作办学各项工作的全面督查指导，并提出很多宝贵意见，我们将继续努力，继续学习提升！感谢肖董事长、贺校长带领下的大江声一直以来的大力支持和鼓励！

教育融大爱，携手共发展

——记江声与易俗河镇第一中学学科交流活动

为提升我校教师的教育教学水平，充分利用江声与我校“融合办学”的契机，根据江声“送教团队”和我校工作的整体安排，10 月 17 日在我校开展七年级语文等五门课程“送课到校”研讨交流活动。

已是深秋时节，空气中飘荡着清冷的气息，但是五位江声的教师却以他们的睿智、激情、幽默让课堂暖意浓浓。本次活动分两个环节，首先由江声的老师进行课堂教学展示，然后各科目分学科组进行交流学习。

江声段银艳老师在上《散步》

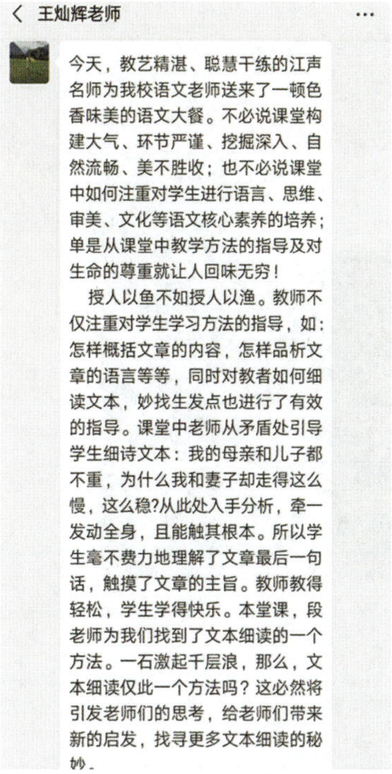
王灿辉老师

今天，教艺精湛、聪慧干练的江声名师为我校语文老师送来了一顿色香味美的语文大餐。不必说课堂构建大气、环节严谨、挖掘深入、自然流畅、美不胜收；也不必说课堂中如何注重对学生进行语言、思维、审美、文化等语文核心素养的培养；单是从课堂中教学方法的指导及对生命的尊重就让人回味无穷！

授人以鱼不如授人以渔。教师不仅注重对学生学习方法的指导，如：怎样概括文章的内容，怎样品析文章的语言等等，同时对教者如何细读文本，妙找生发点也进行了有效的指导。课堂中老师从矛盾处引导学生细诗文本：我的母亲和儿子都不重，为什么我和妻子却走得这么慢，这么稳?从此处入手分析，牵一发动全身，且能触其根本。所以学生毫不费力地理解了文章最后一句话，触摸了文章的主旨。教师教得轻松，学生学得快乐。本堂课，段老师为我们找到了文本细读的一个方法。一石激起千层浪，那么，文本细读仅此一个方法吗？这必然将引发老师们的思考，给老师们带来新的启发，找寻更多文本细读的秘妙。

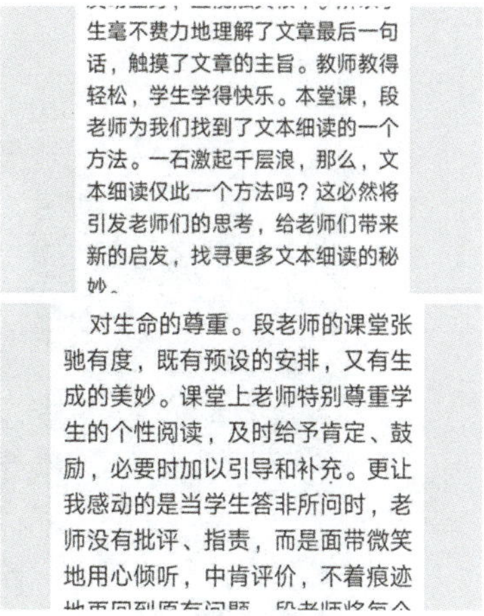
生毫不费力地理解了文章最后一句话，触摸了文章的主旨。教师教得轻松，学生学得快乐。本堂课，段老师为我们找到了文本细读的一个方法。一石激起千层浪，那么，文本细读仅此一个方法吗？这必然将引发老师们的思考，给老师们带来新的启发，找寻更多文本细读的秘妙。

对生命的尊重。段老师的课堂张弛有度，既有预设的安排，又有生成的美妙。课堂上老师特别尊重学生的个性阅读，及时给予肯定、鼓励，必要时加以引导和补充。更让我感动的是当学生答非所问时，老师没有批评、指责，而是面带微笑地用心倾听，中肯评价，不着痕迹

语文老师感言

语文组合影

江声的蓝希平老师在上《有理数的混合运算》

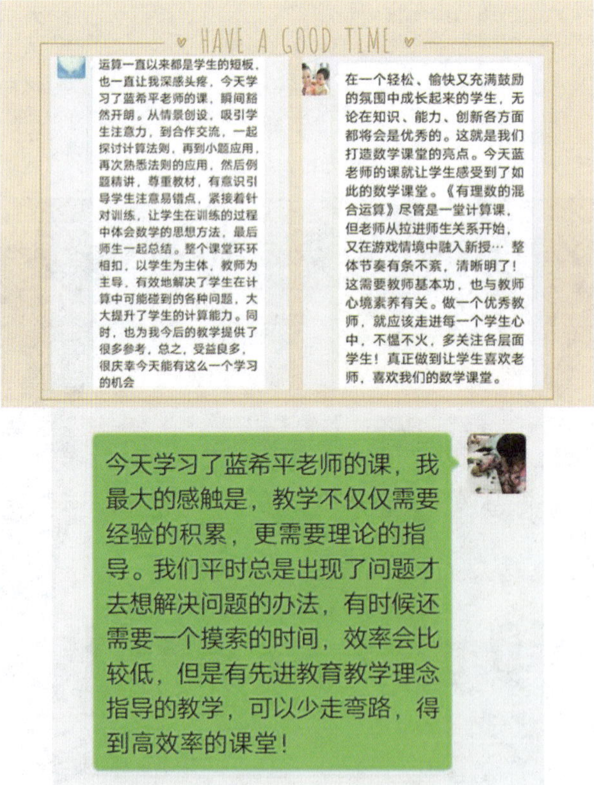
HAVE A GOOD TIME
运算一直以来都是学生的短板，也一直让我深感头疼，今天学习了蓝希平老师的课，瞬间豁然开朗。从情景创设，吸引学生注意力，到合作交流，一起探讨计算法则，再到小题应用，再次熟悉法则的应用，然后例题精讲，尊重教材，有意识引导学生注意易错点，紧接着针对训练，让学生在训练的过程中体会数学的思想方法，最后师生一起总结。整个课堂环环相扣，以学生为主体，教师为主导，有效地解决了学生在计算中可能碰到的各种问题，大大提升了学生的计算能力。同时，也为我今后的教学提供了很多参考，总之，受益良多，很庆幸今天能有这么一个学习的机会
在一个轻松、愉快又充满鼓励的氛围中成长起来的学生，无论在知识、能力、创新各方面都将会是优秀的。这就是我们打造数学课堂的亮点。今天蓝老师的课就让学生感受到了如此的数学课堂。《有理数的混合运算》尽管是一堂计算课，但老师从拉进师生关系开始，又在游戏情境中融入新授… 整体节奏有条不紊，清晰明了！这需要教师基本功，也与教师心境素养有关。做一个优秀教师，就应该走进每一个学生心中，不愠不火，多关注各层面学生！真正做到让学生喜欢老师，喜欢我们的数学课堂。
今天学习了蓝希平老师的课，我最大的感触是，教学不仅仅需要经验的积累，更需要理论的指导。我们平时总是出现了问题才去想解决问题的办法，有时候还需要一个摸索的时间，效率会比较低，但是有先进教育教学理念指导的教学，可以少走弯路，得到高效率的课堂！

数学老师感言

数学老师合影

江声卿奥斯老师在上《地形图的判断》

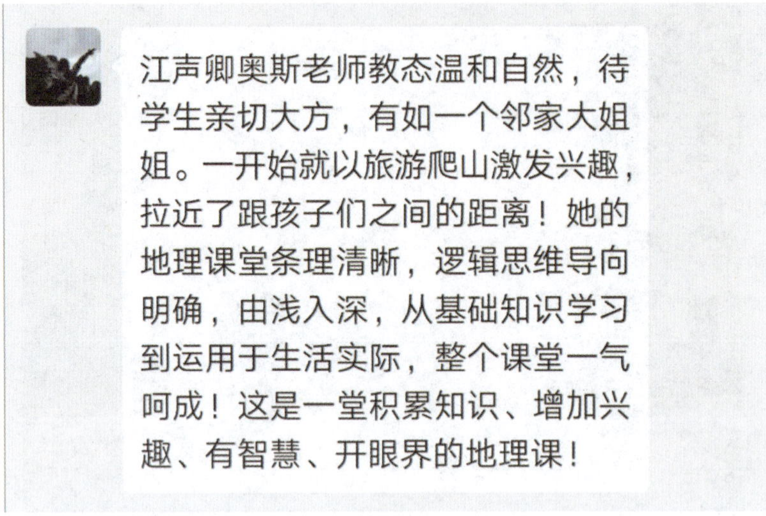

江声卿奥斯老师教态温和自然，待学生亲切大方，有如一个邻家大姐姐。一开始就以旅游爬山激发兴趣，拉近了跟孩子们之间的距离！她的地理课堂条理清晰，逻辑思维导向明确，由浅入深，从基础知识学习到运用于生活实际，整个课堂一气呵成！这是一堂积累知识、增加兴趣、有智慧、开眼界的地理课！

地理老师感言

"教育融大爱 携手共发展"江声-镇一中学科交流活动

地理老师合影

江声李恩老师在上《细胞通过分裂产生新细胞》

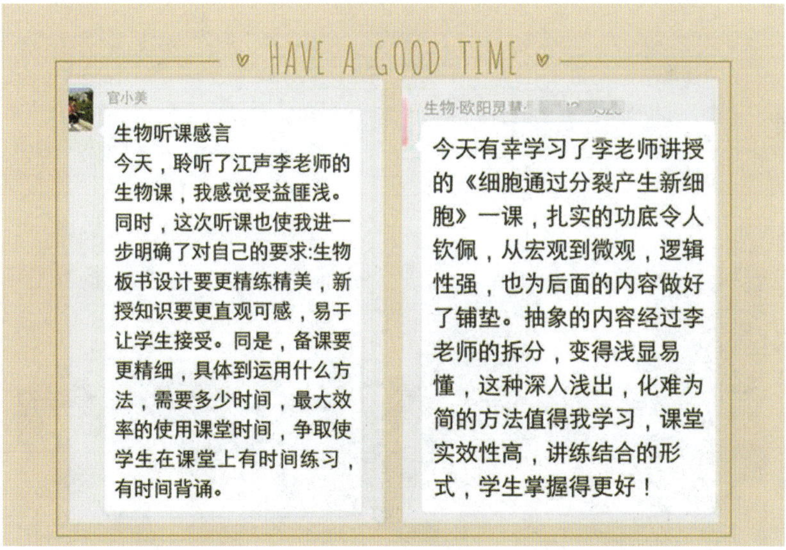
HAVE A GOOD TIME
官小美
生物听课感言
今天，聆听了江声李老师的生物课，我感觉受益匪浅。同时，这次听课也使我进一步明确了对自己的要求:生物板书设计要更精练精美，新授知识要更直观可感，易于让学生接受。同是，备课要更精细，具体到运用什么方法，需要多少时间，最大效率的使用课堂时间，争取使学生在课堂上有时间练习，有时间背诵。
生物·欧阳灵慧
今天有幸学习了李老师讲授的《细胞通过分裂产生新细胞》一课，扎实的功底令人钦佩，从宏观到微观，逻辑性强，也为后面的内容做好了铺垫。抽象的内容经过李老师的拆分，变得浅显易懂，这种深入浅出，化难为简的方法值得我学习，课堂实效性高，讲练结合的形式，学生掌握得更好！

生物老师感言

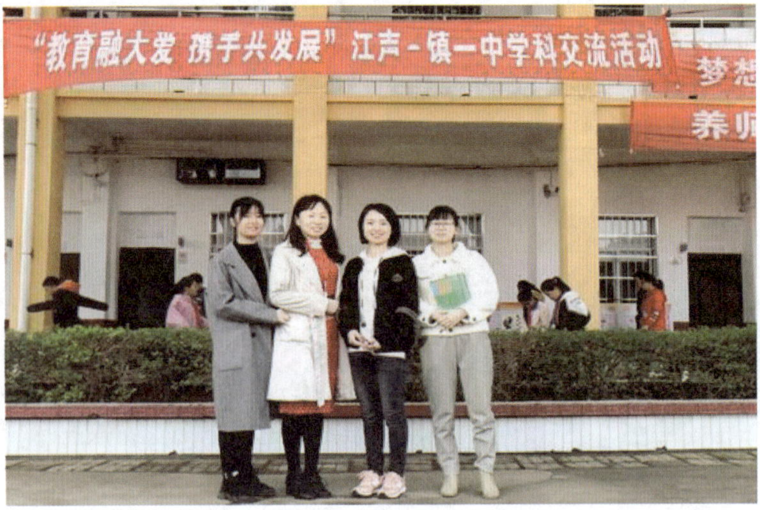
“教育融大爱 携手共发展”江声-镇一中学科交流活动

生物老师合影

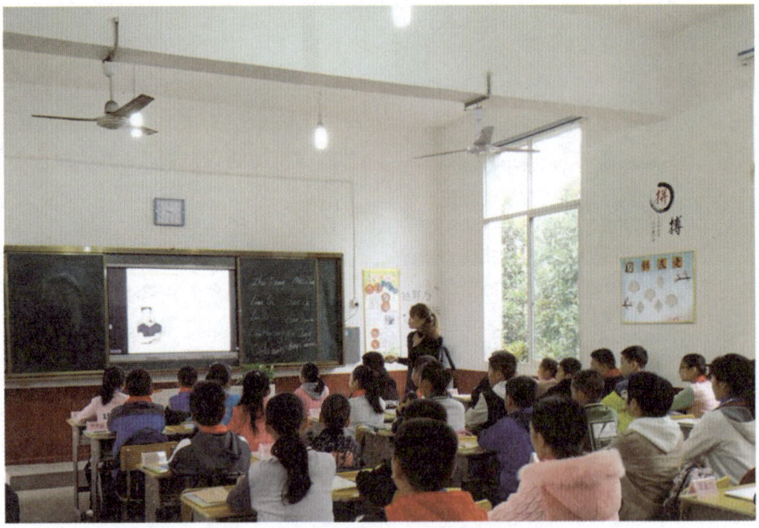

江声朱义湘老师在上《Unit 2 Section B》

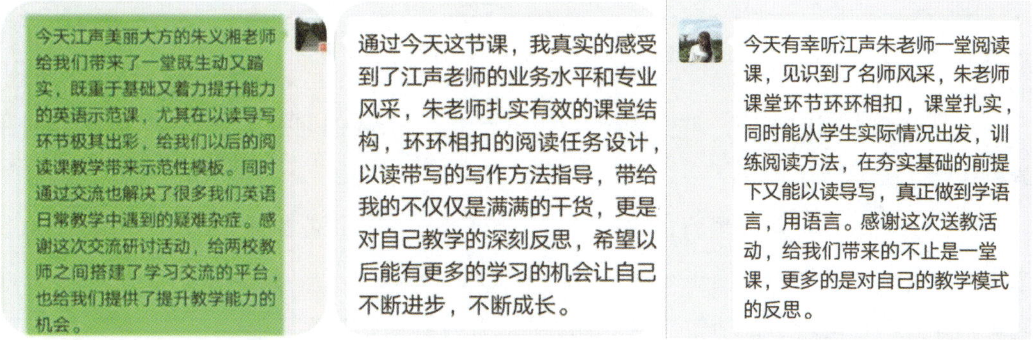
今天江声美丽大方的朱义湘老师给我们带来了一堂既生动又踏实，既重于基础又着力提升能力的英语示范课，尤其在以读导写环节极其出彩，给我们以后的阅读课教学带来示范性模板。同时通过交流也解决了很多我们英语日常教学中遇到的疑难杂症。感谢这次交流研讨活动，给两校教师之间搭建了学习交流的平台，也给我们提供了提升教学能力的机会。
通过今天这节课，我真实的感受到了江声老师的业务水平和专业风采，朱老师扎实有效的课堂结构，环环相扣的阅读任务设计，以读带写的写作方法指导，带给我的不仅仅是满满的干货，更是对自己教学的深刻反思，希望以后能有更多的学习的机会让自己不断进步，不断成长。
今天有幸听江声朱老师一堂阅读课，见识到了名师风采，朱老师课堂环节环环相扣，课堂扎实，同时能从学生实际情况出发，训练阅读方法，在夯实基础的前提下又能以读导写，真正做到学语言，用语言。感谢这次送教活动，给我们带来的不止是一堂课，更多的是对自己的教学模式的反思。

英语老师感言

英语老师合影

感流沙过细，叹指缝太宽。一上午的教学研讨完美收官。未来可期，相信通过送课教师送课、课后互动研讨、教师之间相互取长补短，定能加快提升我校教师教学和教研能力。

同课异构促提升，全面督导谋发展

——记江声实验学校与易俗河镇第一中学合作办学活动

己亥冬日，暖阳高照，群贤毕至，少长咸集。今天我们迎来了江声名师团队的同课异构和教学督导活动。

郁达夫说："一粒沙里看世界，半瓣花上说人情。"课堂虽小，却可以折射出无数关于教育教学的话题，课堂虽小，却可以微观地反应教改发展方向和其中存在的各种问题。同课异构活动对于推动教育教研活动的展开有着重要的意义。

叶圣陶先生有言："教亦多术矣，运用在乎人。"江声名师朱志光老师以《走一步，再走一步》为切入点，指导学生如何用好材料。课堂大开大合，线条简洁流畅，朱老师以其深厚的功底，架设了一个开放性的课堂，将课堂话语权交给学生，与学生一起给听课的老师们提供了一顿饕餮大餐。

镇一中陈贝贝老师着眼于《走一步，再走一步》中心理描写方法，指导学生运用多种心理描写写作。选点小而准，策略巧而活，开场破冰活动设计巧妙而又契合主题。课程流畅自然，符合学生认知规律，让在场的各位老师受益匪浅。

刘镔校长对江声名师团队的到来致欢迎辞，刘校长表示虽然镇一中条件艰苦，但镇一中全体师生对江声名师的到来满怀热忱与期待，希望通过这次的同课异构教研活动，促进我校教师的成长。

从罗校长热情洋溢的笑容里我们读到了她对江声同伴们的欢迎和感谢，罗校长表示，镇一中的成长离不开江声的名师引领，在教育过程中，希望江声与镇一中一道建设好易俗河地区的公办教育，心怀大爱，助力孩子们的成长。

茹老师认为朱志光老师宝刀未老，对语文教学始终怀着一颗赤子之心，不断以高要求鞭策自己。而陈贝贝老师的课堂让我们看到了青春的力量。两位老师都将阅读与写作相结合，为语文教材新的利用角度，提供了一种富有创造性的教学方式。也对陈贝贝老师课堂提出了自己的建议：如果在心理描写方法总结时能从感性到理性会使整堂课更富有层次感。

江声朱老师首先阐述了自己课堂思路，结合课前学生写作调查，发现学生存在运用材料的困惑，于是将阅读与写作相结合。对于年轻的陈贝贝老师，朱老师给予高度肯定，

用人比花美，课比花香，形式比花新来评价陈贝贝老师的课。

陈贝贝老师则表示，朱老师的镇定和从容值得学习，朱老师做到随学情而教学，是一位拥有深厚语文素养的大师。

随后镇一中刘令老师，江声刘大鹏老师、刘文静老师、蒋思老师都结合自身教学事例提出自己的见解。大家畅所欲言，针对镇一中学情提出了许多宝贵的可行性建议。

张琦老师高度肯定此次两校同课异构教研活动，同时针对语文教学提出几点想法，他认为语文教学应该立足于三点：其一，写作源于学生问题，学生需求和情景。其二，教师应善于创设温暖的、人文的细节。其三，教师的教学行为应该公之于众，让学生养成“慎独”的学习习惯。

同课异构始终不变的是教学内容，万变的是教学形式。活动本身同中求异，异中求同。 本次同课异构活动为老师们提供了一个很好的互动交流平台，有效地促进了教师的

专业提升。都说课堂是遗憾的艺术，但孜孜以求的语文人却在探索尽量完美的呈现，感谢江声名师团队的引领，相信在优秀团队的引领下易俗河镇第一中学的语文教研组也一定会有所进步。

与此同时，教学督导工作也在有条不紊地进行着，何立军副校长和马剑雄老师一行人对德育、教学部门工作进行督查，查阅了德育、教务两处资料，与负责人交流，并提

出了宝贵意见。

随后督导团一行进行了随堂听课。刘兰芳、楚惠、陈勇、欧阳灵慧、贺银芳五位老师进行了精彩的课堂展示。

周军、郑城乡、王艳、胡焕等骨干教师在听课后与上课老师亲切交谈，促进我校教师的提高和成长。

在全面了解学校的教育教学工作后。江声的何校长一行对易俗河镇第一中学的教育教学工作给予了充分的肯定和赞许，认为学校的管理到位，平时的工作细致到位、有条不紊，领导班子的凝聚力和执行力强，通过这次检查，真正看到了易俗河镇第一中学的风采。

全新的易俗河镇第一中学自创办以来赢得了社会和家长们的一致认可。学校各项事务在江声实验学校的引领下，在领导的支持和家长的配合下，在全体教职工的共同努力下，有条不紊地推进着。这是学校前行的动力，所有镇一中人将怀揣着教育梦，凝心聚力，开创新的篇章！

携手共进谋均衡，教育交流促发展

——我校与五所合作学校开展系列交流活动

11 月 27 日至 12 月 5 日，我校与六所合作学校开展了“手拉手”教育交流系列活动。我校督导室去所有合作学校对各项工作进行了督查、指导，语文教研组与三所学校开展了联合教研活动，五所合作学校的师生来我校参加了校园体验活动。

湘潭县易俗河镇一中、锦石中学、河口中学、中路铺中学、花石中学、乌石峰中学等学校是我校积极响应县委政府号召实施合作办学的学校。近日，锦石中学、河口中学、中路铺中学、花石中学、乌石峰中学共 2343 名师生分批来我校参加了“手拉手”校园体验活动。

我校肖正章书记、贺振华校长、刘辉副校长等领导热情致辞，欢迎了来宾，并阐述了合作办学的意义，鼓励乡镇中学的孩子们自立自信自强，树立理想、制定计划，让青春焕发最美的光彩。

教育融大爱
携手共发展
湘潭江声实验学校·花石中学

教育融大爱
携手共发展

自我校多方帮扶指导、实施合作办学以来，各所合作学校的硬实力和软实力都大幅提升，众多师生受益匪浅。河口中心校校长李应军、乌石峰中学校长周小光、中路铺中心校校长李灿、锦石中心校校长陈永红均对我校的精准帮扶表示感谢，并表示“全体师生一定会借力合作办学的机遇，深度学习，加强班风、学风、教风建设，加强人才队伍建设，提高教学水平。”

我校外派的担任校长的莫国强、艾正强、刘金城、王镜芳等老师均发言表态：“一定不辜负信任，做勇敢的追梦人，共创湘潭县教育的美好未来。”

五所学校的师生参观了我校校园，在青年广场观看了我校宣传片及校园新闻节目，观赏了我校学生表演的文艺节目——器乐节目《渔舟唱晚》《战马奔腾》，语言节目《祖国我向您报告》，小品《一只书包》，歌舞《少年歌》等。这些节目充分体现了江声学子爱国爱校的信念和崇德向善的追求，专业水平高，舞台表现力强，赢得来访客人的由衷赞叹。

我校1837班杨沛锦、夏睿遥两位同学还发表演讲，讲述了不断超越自我的成长故事。河口中学刘嘉瑜、乌石峰中学赵佳蕊、中路铺中学龙宇涵、锦石中学胡月儿、花石中学胡美玉等同学亦登台围绕青春和梦想发言，他们被江声学子展现出来的自信大方所感染，并呼吁本校同学珍惜青春，大胆追梦。

此后，来访师生分别进入我校各年级各科课堂，随班上课或听课，体验了多样的教学内容，领略了教师风采，感受了教学理念。同学们一一结对学习，中午一起共进中餐，之后大家还来到图书馆、运动场，尽享阅读与锻炼的快乐。体验结束，大家纷纷表示“这种感觉很美好”。

12月2日，我校语文教研组以年级备课组为单位分别与易俗河镇一中、锦石中学、河口中学这三所学校开展了联合教研活动。我校朱志光、鄢海龙老师分别与陈贝贝、欧阳宏老师进行了说明文教学、作文教学的同课异构展示，陈芳老师与河口中学的唐碧霞老师合作教学文言文《唐雎不辱使命》。

课后，扎实开展了说课、评课、研讨活动。我校李美意、茹海花、王丹蕾等老师专业、精当的点评给大家留下了深刻印象。张琦、周凤、周玲等老师代表学校表达了对合作学校的美好祝福。张琦、周凤老师还进行了微讲座，传授了我校语文教研教改的先进经验。

近日，我校督学何立军老师带领督导室成员到易俗河镇一中、锦石中学、河口中学、中路铺中学、花石中学等合作学校进行了全面督导。查看了校容校貌，进行了课堂调研，与老师们进行了交流研讨，找学生开展了问卷调查，还致电家长了解了民众对学校的满意度。督导组对这些学校通过合作办学所取得的成绩给予了充分肯定，对存在的不足提出了改进意见。

此外，我校每周还有各科老师到这些合作学校去送教，其送去的理念、方法都受到师生的欢迎。

在促进城乡教育均衡发展的道路上，我校一直在出实招，想新招，实现了联动发展，携手共进。守教育初心，聚教育合力。我校将继续深入实施合作办学，与各所乡镇中学优质资源共享，带动其全面发展，为县内广大初中学生建设更美的求学殿堂。

守初心 聚合力 促发展

——我校举行融合、合作办学系列活动

本学期，我校继续发挥在湘潭县基础教育领域的领航作用，与我县内的天易水竹学校、锦石中学、花石中学开展融合办学，与梅林中学、古塘桥中学、严冲中学、较场中学开展合作办学。学校共派出八位行政，汤颂、刘金城、莫国强、罗芳阳、艾正强、刘镔、王镜芳这几位校长助理分别担任这七所学校的校长，程化虹主任到天易水竹学校担任副校长。

为了帮助这些学校全面提升管理水平和教育教学质量，我校联合其开展了系列活动。

引领示范促发展

8月26日，我校党委书记、董事长肖正章和易俗河镇中心校校长邓新辉送程化虹副校长到天易水竹与行政人员见面。8月28日，我校副校长蔡志平、胡云磊和教育局王兴奇副局长、童树红股长、章彪标股长等领导分别送外派校长到达对应中心校和学校，与老师们亲切座谈，实地了解各所学校的办学现状及具体困难。

9月3日，我校党委书记、董事长肖正章、校长助理汤颂、工会副主席谭海利等人一行，7：50 到达严冲中学，然后到较场中学、花石中学、锦石中学、古塘桥中学、梅林中学一一走访、调研。

每到一校，先参观校园后开会座谈，肖董事长与各校的老师们讲述了融合、合作办学的重大意义——更新教育理念和方法，实现资源共享，促进学校大踏步发展。同时，董事长阐述了教育发展的方向，对派出的校长提出了严格的要求，表达了对合作办学的希望——“希望所有老师能以高度的热情投入到融合、合作办学中来，推动教育的优质公平的发展。”我校同行领导认真听取情况介绍并实地考察，谭海利副主席记下急需解决的困难和存在的问题。针对各校校情，我校及时采取了相应措施，研究制定实施硬件、软件两方面的帮助计划。

标准部署促高效

8 月 20 日至 31 日期间，七位校长第一时间召开各校行政会、全体教师会，按照江声标准部署开学工作。天易水竹学校、锦石中学、花石中学分年级有序开学，并借鉴我校的经验，分批进行入学教育。其他四校根据各校实际情况顺利展开工作。

9 月 7 日，我校召开了支教工作会议，由教师发展中心鄢国庆主任主持，张频副校长做了重要指导和要求，罗芳阳校长作为外派校长代表发言。本学期，我校将有各个学科共 32 名教师分别到 7 所学校支教。

9 月 11 日，我校对口扶持的 7 所学校的行政管理人员和教研组长近 100 人来我校参加了办学交流、提升活动。首先，这批管理人员在四楼会议厅参加了我校每

周例行的行政会议。我校的行政会议由校长贺振华主持，主管教学、德育、党政办、后勤、督导室、工会等部门的校级干部依次轮流简单总结上周工作，具体安排下周工作。每位发言人都做到言简意赅，切中要点。

贺校长就安全管理、德育管理、教学教研管理等工作提出了具体要求。这一严肃、认真的会议形式给来访人员以最直观、最有效的示范。

肖董事长对开学以来的工作进行了总结，肯定了开学工作的高效、有序，肯定了全体教师爱岗敬业的精神，提出了“进一步加强精细化管理”“对青年教师实现‘逼迫式’发展”的要求。对于融合、合作办学，他肯定了相关学校的优势，指出了存在的问题，并提出了建议与要求：尽快实现与江声在理念和管理举措方面的融合；行政人员与教研组长严格要求自己，率先垂范。

会后，来访人员与我校各部门、各教研组组长进行了深度交流。我校老师毫无保留地介绍了具体做法。我校还分学科安排了 13 堂展示课。

下午，来访人员在我校实验楼一楼会议室认真聆听了我校教务处主任周欣荣的讲座——《凝心聚力——画出优质教育的最大同心圆》。周老师介绍了我校各学科教研组建设的举措，总结了各项活动的经验。他的报告为各校的教学工作指明了方向，指导了方法。听了讲座之后，各学校的教研组长和备课组长分别参加我校各教研组例会，并进行了专业方面的交流。

为了更进一步带动融合、合作学校全面发展，我校还将持续开展送教送培活动、班级结对、“手拉手”校园体验等一系列活动，并巩固改革成果，努力实现“教育强县”的目标。

守教育初心，聚教育合力，促协同发展。我校将秉承大教育观，与各所学校携手共进，为更多的初中生创建更美的求学殿堂！

携手致远 筑梦莲乡

——我校本期融合合作办学交流工作纪实

我校作为湘潭地区初中教育的领头雁，当仁不让地发挥引领辐射作用，推进教育均衡发展，振兴乡村教育。2020 年下学期，我校除了继续实施与湘潭县天易水竹学校、锦石中学、花石中学开展融合办学外，还与梅林中学、古塘桥中学、严冲中学、较场中学开展合作办学。9 月至 10 月间，我校联合七所学校紧锣密鼓地开展了一系列的教学、教研交流活动。

一、教研融合　助力前行

我校利用学科周、“送教下乡”示范教学等活动，与七所学校开展了深入的教学教研交流活动。

9 月 22 日，我校数学教研组名师倪峰老师上了一堂《反比例函数专题》的示范课。

9 月 24 日，“国培计划”湘潭县“送教下乡”初中历史示范教学活动在我校举行，我校刘曼妮老师上了一堂《西欧经济与社会发展》名师示范课。

9 月 28 日，湖南省物理教学专家王沛清教授和湖南省教科院物理教研员何蓁教授来我校听课、指导。我校帅静老师执教了《光的传播》，王珏老师执教了《大气压强》。

思政教研组开展了本学期第一次主题教研活动“阅中国 · 悦分享”读书分享会。李红慧、李念川、蔡虹瑛、阳柳、徐文礼、肖露珊等六位老师纷纷上台分享了自己的读后感。

9 月 30 日，我校英语教研组组织了同课异构的教研活动，我校王芬老师和名师工作室的张燕老师分别执教了题为《My friend and I 》的写作课。王艺霖老师开展了“因热爱，有未来”的讲座，与各校老师分享国培心得。

10 月 15 日，我校化学教研组开展《化学式与化合价》的同课异构教学活动，我校的楚琪老师与水竹学校的唐建霞老师分别执教，用不同的方式共同演绎化学之美。信息技术专家的讲座《重新认识 PPT》，给各校老师带来了新的课件制作技术。

各科教学、教研交流活动中，我校老师与各融合合作学校的老师在一起认真学习、分享、讨论、探究，我校教研组长热情传授先进经验，活动热烈、深入而富有成效。各校老师都表示在交流过程中获益良多。

10 月 19 日，湘潭县第四届“杏坛之星”第二轮教学竞赛拉开帷幕。我校各学科教研组长对融合合作学校的参赛选手也进行了赛前指导，有的还跟踪听课，及时评课议课，更好地促进各校教师的专业成长。

我校作为初中学段的赛点之一，承办了物理、化学、地理、道德与法治、历史 5 个学科的比赛。各融合合作学校的老师前来听课学习，我校提供了免费用餐服务。

近期，我校多个备课组还将到融合、合作学校去开展同课异构等联合教研活动，传送先进的教学理念和教学设计，并根据学情探讨相宜的教学方法。

平时，我校与融合、合作学校实现了资源共享，并将支教、送教工作常态化。本学期我校已有 34 名老师送教下乡 85 次，受到广泛好评，给乡村教育注入了新的力量。

二、班级结对　携手致远

10 月 16 日，我校与融合、合作学校开展了班级结对交流活动。七所学校的班主任团队来到我校，与名优班主任结对交流。

蔡志平副校长主持了活动启动仪式。在庄严肃穆的升旗仪式后，我校党委书记、董事长肖正章回顾了 2017 年以来融合合作办学工作所取得的成绩，并对本次活动进行了部署，提出了要求。肖董事长指出：江声的班主任要无私地传授经验，融合、合作学校的班主任要虚心地请教。结对班级要加强交流，相互促进班级建设。肖董事长承诺：我校定会大力支持融合、合作学校，尽可能满足各所学校的支援需求。肖董事长深情寄语所有班主任：教育人应当有教育人的情怀，应当懂得珍惜——珍惜缘分、珍惜机会，把班级建设做好，把教育做好，为湘潭的教育事业做出应有的贡献。肖董事长的话掷地有声，朴实的话语中展现着一个优秀教育管理者的强烈的社会责任感。

我校周华老师作为江声的班主任代表发言，分享了一年多来与结对班级之间的感人故事，并郑重表态：将继续秉持“乐于奉献，追求卓越”的江声精神，珍惜与结对班级的每一次交流机会，守教育初心，聚教育合力，让班级友好共进，促师生共同成长。

花石中学的胡逸老师代表融合合作学校的班主任发言，她表达了对江声的感谢：江声多方面的举措，激励了融合、合作学校的学生，温暖了教师的心怀，促进了学校的发展。江声的班级管理民主，教师成长意识强，学生学习氛围浓，同时重视家校联合、关注学生的心理健康教育，是融合、合作学校学习的榜样。她希望借助融合、合作办学的契机，大家积极参与，主动学习，“带着疑惑来，捧着答案回”。

此后，我校陈艺老师分享班主任工作经验——《如何召开微班会》。其课例极具针对性，可操作性强，老师们纷纷表示“干货满满，收获颇丰”。

这天，我校的班主任们还带着结对的老师到办公室、教室观摩，并根据队友提出的困惑，探讨班级管理之良策。

在交流会活动中，大家的教育理念、管理理念在碰撞中产生火花，在切磋中得到升华。

今后，我校将进一步深入推进融合、合作办学，与各学校携手并肩，奋力前行，浇灌出一朵朵绚丽的教育之花！

有你，我的世界不一样

——记江声集团乌石峰中学学生寝室空调捐赠活动

6月19日上午，乌石峰中学举行了湘潭江声实验学校与乌石峰中学的学生寝室空调捐赠仪式。

湘潭江声实验学校九年级部长，乌石峰中学荣誉校长周小光，乌石中心校主席尹东南，乌石峰中学部分师生，彭德怀希望小学部分学生共同出席活动现场。

仪式之初，周小光校长致欢迎词，他对老师和同学提出了具体的要求并指出：捐助是真诚的，关爱是无价的，授人玫瑰，手留余香，奉献爱心，收获希望。让我们怀着感恩的心，一路携手同行！

仪式过程中，江声陈亮部长发言，他就学会感恩、学会学习、学会珍惜，对同学们提出了具体的要求。

乌石峰中学的张茜同学致答谢词并代表全体同学承诺：我们一定要刻苦学习，用优异的成绩来回报你们的关怀和爱，树立远大的理想，早日成为国家的栋梁，决不辜负你们的殷切期望。世界上最美丽的言辞也代表不了行动，请你们看我们的实际行动吧！

会议的最后一项由尹东南校长、陈亮部长、周小光校长共同合影，见证空调捐赠。

江声集团乌石峰中学学生空调捐赠仪式
乌石中心校

仪式最后还进行了希望小学的六年级学生与乌石峰中学的七、八年级学生的互动和联谊。通过活动的开展，解决了学生寝室炎热难耐的问题，增进了同学之间的感情，切实改善了乌石峰中学的办学条件，今后乌石峰中学借与江声合作办学的契机，践行“让教育先行”的庄严承诺。

共谋发展，秋日送暖

11 月 1 日下午，江声中学和歇马中学合作办学之校服捐赠仪式于学校大礼堂隆重举行，出席仪式的有江声中学肖正章董事长、石鼓中心校方新林校长等领导，仪式由我校赵罗根校长主持。

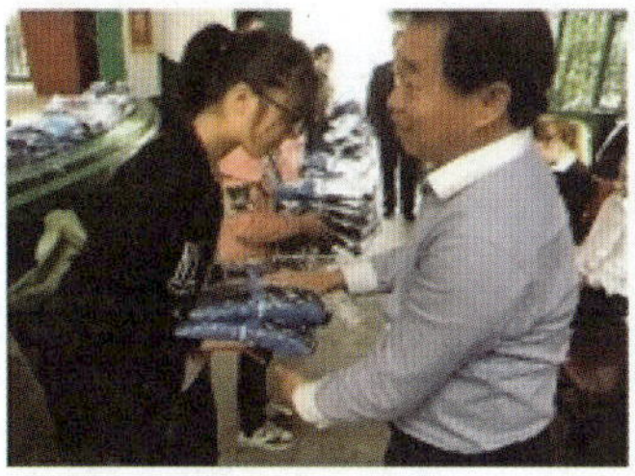

仪式上，我校曾鹏翔校长代表全校师生对江声中学在合作办学过程中给予我校的支持表示诚挚的谢意，并希望学生常怀感恩做人、求知和生活，老师们不忘初心，奋勇前行。

肖正章董事长从教育的内涵出发，告诫同学们，教育就是唤醒每个孩子的潜能，每个孩子都是独特的个体，应该克服不完美的外部条件，自我提高内驱力，超越昨天的自己，努力做最好的自己。

随后，肖董事长、方校长等领导亲手将校服发放到学生手中，学生们收到校服后喜笑颜开！

学生代表杨灿同学发言，表示感恩之情。

仪式在同学向领导们献礼后圆满结束！

合作办学给歇马中学的教育带来了新契机，学生们坐在江声中学捐赠的课桌椅上，回想着江声老师们送教时的风采，在《江声乐园》上挥洒着收获的喜悦，在秋日的校园中求真、求善！老师们汲取着江声中学的教育理念，在立德育人的同时不断向师生共长的目标前行！

附：曾鹏翔校长发言稿

在江声中学捐赠校服仪式上的讲话

尊敬的肖正章董事长、尊敬的各位领导来宾、老师们、同学们：

大家好！

今天是个阳光明媚的日子，今天是个非同寻常的日子，今天是我们收获感动的日子。江声中学肖董事长一行来到我校向全体学生捐赠校服。这是江声中学向我校教师捐赠工作服、向学生捐赠《江声乐园》与新课桌之后的又一爱心义举。在这美好时刻，请允许我向远道而来的肖董事长一行表示热烈的欢迎，并致以诚挚的谢意！

江声中学在肖董事长卓越领导下，一路走来一路歌，现已成为县域教育航母，江声的办学理念、办学思想、江声的校园文化、江声的美誉度，已成为我们心中的香格里拉。无不令我们神往与赞叹；江声文化与精神，无时无刻不在激励我们奋勇前行。今年，在上级领导的关怀下，在肖董的关爱下，江声中学与我校开展合作办学新模式，合作办学两个月来，我们全校师生已深深感受到江声给我们带来的幸福。

一是江声中学给我们送来新课桌、新工作服和沐着江声园丁心血的《江声乐园》。今天肖董等又给我们送来了新校服，我提议大家以热烈的掌声谢谢肖董，是他们让我们更阳光，是他们让我们更精神，是他们让我们更美！

二是江声的理念在引领着我们，江声的文化在塑造着我们，江声的形象在感化着我们，江声的教学在帮扶着我们。学校更有序了、更文明了，学校校风更正、班风更好、学风更浓了。合作办学让我们更温暖，精神更抖擞，生活更阳光，这是战略家的眼光，这是教育家的情怀，这是教育的精准扶贫。合作共赢，此处不来掌声都不行！

借今天这活动，我还有三个想法：

一是要求我们的学生常怀感恩去做人、求知和生活。做一个诚实友善的人，做一个有良知懂感恩的人，好好生活，勤奋学习，以优异成绩回报江声之爱。

二是希望老师们不忘初心，奋勇前行，发扬甘守清贫、乐于奉献的精神，做到内强素质，外树形象，借江声平台，促专业成长，以更优秀的业绩感恩江声之情。

三，肖董说学校虽偏远，但对于学生来说永远是中心，我们歇中人一定励精图治，发扬自强不息，勇于创新的精神，回报人们的关爱与关注，也请您多给予我们更多的支持和帮扶，让歇马中学发展得更好！

因为有爱，你们引领前行！

因为有爱，我们结伴而行！

因为有爱，我们向美而行！

寒冬融暖意　合作共成长

——记融合合作办学班级联谊活动

一往情深，让爱暖冬!2020年11月27日至12月17日，我校21个班与融合合作学校开展了形式多样的联谊活动，为这个寒冬增添了美丽的风景。

11月27日，我校2026班班主任彭老师带领10名学生和家长代表，来到湘潭县古塘桥中学176班开展结对帮扶活动。该校176班班主任胡老师对我校师生的到来表示了热烈欢迎。彭老师和2026班的家委会代表给176班的特困生发放了助学金，为班级前五名同学颁发了奖学金。同学们还为小伙伴们送上了精心准备的新文具、课外书、衣服。

家长代表开展了法律知识讲座，176班的同学表演了精彩的武术。我校派驻的艾正强校长和176班家长代表对大家的用心、用情表示感谢。爱的温情和向上向善的力量在大家心中蔓延。

12月4日，我校2013班、2014班、2028班、2029班的部分学生、家长在班主任的带领下，与湘潭县花石中学237班、238班和较场中学140班、141班开展了联谊活动。

2013班、2014班和花石中学的同学以歌舞会友，以诗歌、朗诵相互交流，共同构建友谊的桥梁。我校这两个班的师生和家长共捐助一万多元，购买了书籍、本子、笔等学习工具和羽毛球拍、篮球、足球等体育用品以及两个书柜捐赠给花石中学，并为该校12 名同学发放了奖学金。两位热心的家长还一对一地资助了 3 名品学兼优的贫困学生各1000 元。花石中学的 237 班、238 班学生的家长们也参加了此次活动。

在友好、热烈的气氛中，我校的派驻校长莫国强老师表示：感谢江声对花石中学的支持与帮助，感谢善良的孩子们送来的爱心与温暖。愿两校携手并进，友谊长存。

在刘争光老师和唐紫钰老师的带领下，我校 2028 班、2029 班与湘潭县较场中学140 班、141 班开展的活动同样温暖人心。这两个班的 50 余名学生、家长来到较场中学，开展了“相约中国梦，快乐共成长”结对帮扶联谊活动。

我校派驻的校长王镜芳老师和该校两个班的班主任、家委会代表都作了热情洋溢的讲话。此后我校教师和家长代表为该校 140 班、141 班期中考试成绩优秀的同学颁发了奖学金，为该校学生购买了语数英三科辅导书和学习用具，还捐赠了成长基金。部分家长还自发开展了一对一帮扶活动。

双方的同学们共同参加游艺活动，充满温情的联谊活动在一场热烈的拔河比赛中落下帷幕。一位家长参加活动后感触很深，写下对联：风不寒，冬不冷，较场欢声阵阵如春日；手牵手，心连心，八斗联谊暖暖送真情。

尹老师为2002班10位学生发放助学金。

2020 年 12 月 11 日下午，江声中学 2021 贤思班的同学和家长一行 50 多人，在班主任尹艳老师的带领下，来到锦石中学 2002 班，开展手拉手联谊活动。

王伊晗妈妈、易玟君妈妈、胡丘朗妈妈以最快的速度购买好文具、书本、零食等，包装成六包，作为赠送给锦石中学 2002 班的礼物。

不管是出发前装礼物上车，还是到达目的地，把礼物搬进位于四楼的教室，热心的

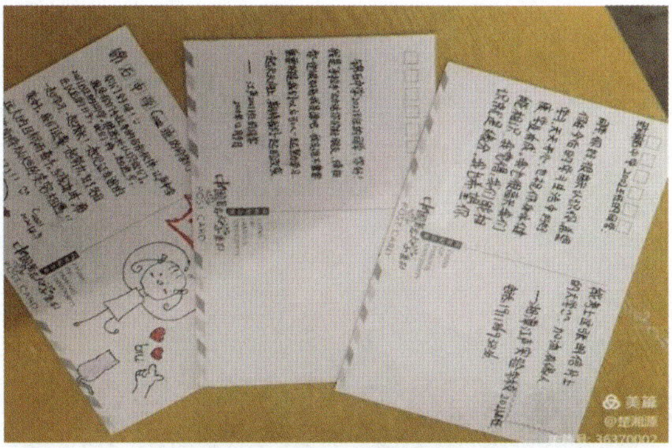

同学和家长们都出了不少力。

明信片上写下的既暖心又幽默的话语，是每位同学带给即将见面的小伙伴们的礼物。

12 月 16 日，我校 1919 班一行 20 人走进湘潭县严冲中学，与 156 班同学开展了联谊活动。首先，双方班主任、家委会代表发表了热情的讲话。之后，我校师生向 156 班赠送了 38 套学习用具、部分文体器材和 2000 元奖学金。

家长代表陈韬女士作为市卫健委红十字会的成员，为大家做了一场《防溺水与心肺复苏》讲座。两班孩子还一起表演诗朗诵等节目，做背夹球等游戏，其乐融融。

12 月 17 日，我校 2018 班与花石中学 241 班开展了“手拉手 • 同进步 • 共成长”联谊活动。此前，2018 班家委会已组织自愿捐款，为结对班级设立了助学金和奖学金，并购买了一些体育器材。

活动在双方班主任振奋人心的讲话中拉开帷幕。同学们互赠礼物，共同参加游艺活动，2018 班的家长代表还进行了禁毒知识讲座。短短一下午的活动，让大家深深感受到了浓浓的爱意。

班级结对交流活动仍在我校和融合合作学校间如火如荼地开展，为乡镇中学改善了办学条件，帮扶了部分贫困生，激励了同学们。同时，也让我校学生在活动中更懂得感恩与珍惜生活。

2020 年下学期湘潭江声实验学校 2028 班与较场中学 141 班结对活动总结

2020 年下学期较场中学 141 班有幸与江声 2028 班结对联谊了，半个学期结束，我们收获多多，感动多多，成长多多！

10 月底 2028 班的刘老师和家委会代表来我们学校，了解情况，沟通需求，为彼此的联谊做了充分准备。11 月 18 日我们班所有同学和全校师生一起共赴江声参观学习，体验生活，回来后感慨良多，不少学生认识到了彼此的差距，下决心要努力学习，超越现在的自己，向优秀的江声学子学习！ 12 月 4 日，又一个我们期盼的日子，2028 班的刘老师，同学们和家长们来到了较场中学，他们为我们班捐赠了一个书柜，带来了许多书籍，提供了阅读资源，大大丰富了孩子们的生活。在下午的联谊活动中，两个班的四名主持精诚合作，发挥良好。校长及两位班主任致辞，话语中满含期待！ 2028 班家长们的爱心汇集成 141 班的成长教育基金。同学们精彩的节目，家长们励志的教育，热闹的拔河比赛让两班学生友谊更深厚了！活动结束后，141 班的学生有了更多更具体的榜样，他们每个人都在 2028 班找到了自己的结对伙伴，并在 2021 年新年里写信表达祝福和愿望。作为 114 班老师，在工作中有疑惑的时候我会经常请教刘老师，她总是不厌其烦地帮我“渡己渡人”。

我知道我在工作中仍有许多不足之处，但我以后会努力提高，努力向刘老师学习，让自己和 141 班与 2028 班一起成长。

江声实验学校 2025 班与古塘桥中学 175 班结对总结

江声实验学校 蔡萍

谢谢学校领导的安排，我们 2025 班有幸与古塘桥中学 175 班开展了手拉手活动。一个学期即将结束，回顾这个学期，通过结对活动，我们从中学到了很多东西，2025 班全体同学也受益匪浅。以下是我对本学期手拉手活动的一些工作总结。

一、两班的交流活动

在家委会的号召下，我们班全体孩子全部参与了这次活动，每个孩子捐书不少于十本，家长捐资帮学，设立了奖学金，为古中的孩子每人购买了学习用品等。

家长讲座《未来是属于你们的》，大家一起留下了美丽的合影：

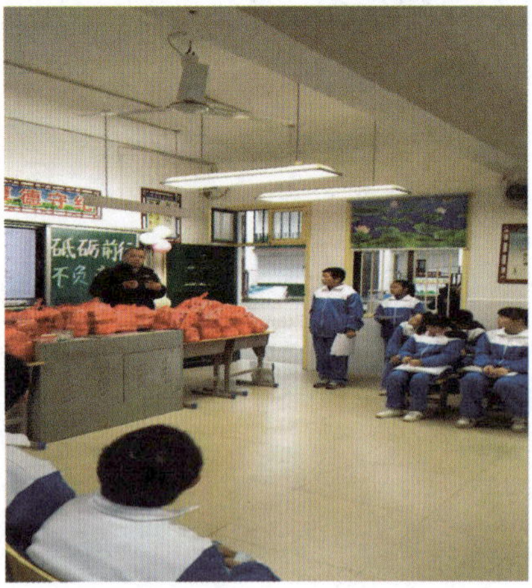

大家有很多感悟：

二、平时的班主任交流

我们两位班主任就七年级如何进行入学调查，班干部培养和主题班会的召开等等方面交流了一些看法。

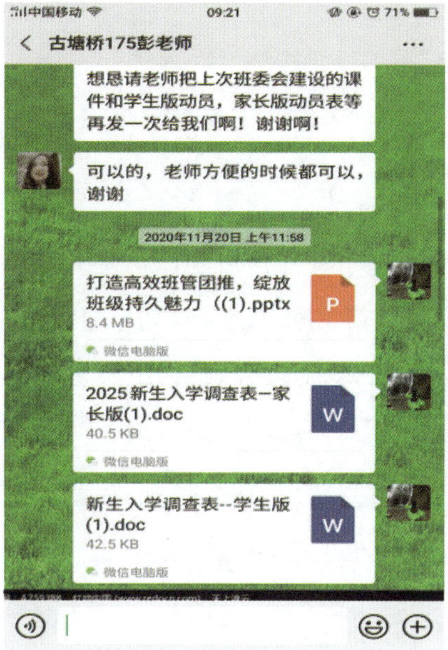

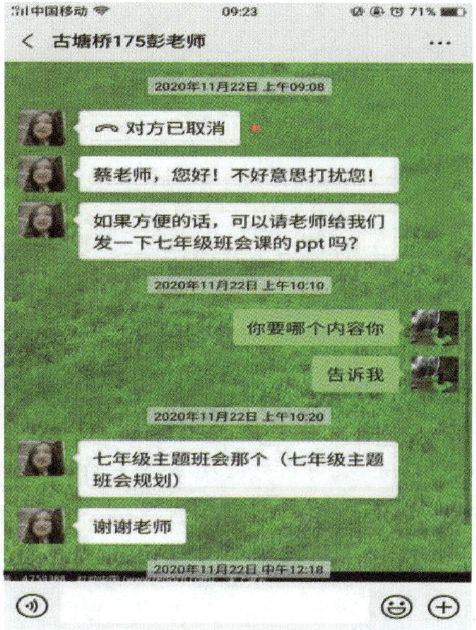

后期他们班上优生的情况，也及时交流了。

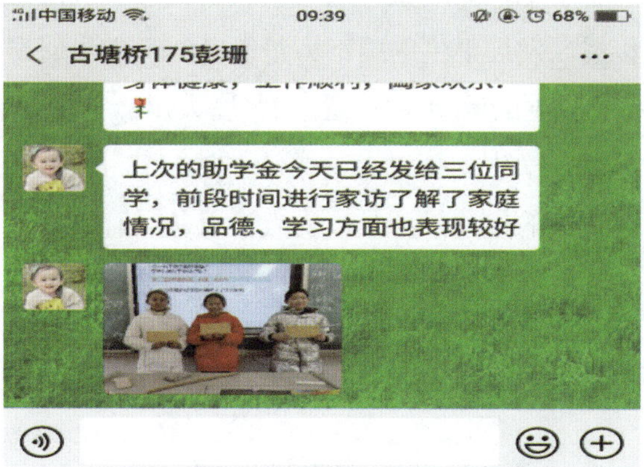

爱可以融化坚冰，爱可以创造一切。因为爱和缘分，我们2025班的家长、孩子与175班可爱的同学们、老师相聚相识了，结成了友好班级，我们的友谊从此开始啦！我们大家是幸福的，也是幸运的。我们会更加珍惜现在的幸福生活，努力奋进，做个向善向上的江声人！

江声实验学校 1931 班与古塘桥 173 班班级结对总结

江声实验学校 周双辉

本学年江声中学与古塘桥中学进行合作办学。为了让江声更好地辐射引领示范，我们开展了丰富多彩的班级结对活动。一个学期即将结束，回顾这个学期，通过结对活动，通过支教活动，我对古塘桥中学有了进一步了解。认识到基层教育的不容易，需要我们站出来了，去帮扶他们为他们做点事，为农村教育尽点力，同时在与贺老师交流中我也学到了很多东西。期间我与 173 班全体同学一起上体育课，一起交流一起成长。以下是我对本学期结对活动的工作总结。

支教工作方面

2020 年 9 月 3 日起，我在古塘桥中学支教，授课班级为 171 班。开展科目为体育教育，由于学校基础条件差，器械严重不足，只适合开展无器械素质练习及团建活动，我第一节课进行了立定跳远内容的传授，发展学生的腿部力量以及纠正学生的摆臂姿势等，丰富了孩子们的锻炼手段，提高了学生的运动兴趣。虽然强度大，学生有点吃不消，但是身体素质及锻炼意识有了很大提高，学生受益很大，课后 172、173、170 班的班主任及体育老师提出了给他们班都上一节课的申请，于是，支教当天从只有第 6 节课变成了 5、6 节，虽然辛苦，但是我给予了孩子们学习锻炼成长的机会，同时也更好地了解了 173、172、170 班学生，走进了他们的班级。为此，我感到高兴。

班主任交流方面

在 2020 年 12 月 26 日的班主任结对活动中，我们和 173 班学生进行了一次户外拓展的手拉手活动，通过参观彭德怀故居缅怀先烈，一起捡拾彭德怀故居周边的白色垃圾，进行班与班的登乌石峰比赛，通过丰富的活动使孩子们渐渐地走在一起，孩子们互赠礼物，一起捡拾垃圾，一起手拉手攀登乌石峰，促进了心与心更近，孩子们一起交流学习共同进步这不就是我们想要的大融合吗？我们的孩子也更加懂得珍惜现在的幸福生活，努力奋进，争取做一个有益于他人、有益于社会的人。

与 173 班贺老师交流班级管理，遇到问题我们共同交流，贺老师毫无保留地给予了指导，从细致入微的班级教室卫生打扫到班级在管理活动中立德树人的育人理念，让我学到了很多。我们的班级共同成长共同进步，学生受益多多。

感谢江声给予我和古塘桥中学最美好的遇见，感谢 173 班所有可爱的孩子及最美的贺老师。

江声实验学校 1919 班与严冲中学 156 班班级结对总结

严冲中学 刘佩

本学年，严冲中学有幸与江声中学合作办学。为了快速提升合作学校的教育教学水平，方便两校资源对接，我们开展了班级结对活动。严冲中学 156 班也有幸与江声中学 1919 班成为结对班级。一个学期即将结束，回顾这个学期，通过结对活动，我在班主任工作中学到了很多东西，156 班全体同学也受益匪浅。以下是我对本学期结对活动的一些工作总结。

班主任交流方面

在 2020 年 10 月 16 日的班主任结对活动中，我有幸结识了江声中学 1919 班的班主任老师——许秋兰老师。

许老师是一位有着丰富班主任工作经验的老师，在这个学期的日常工作中，我虚心向许老师学习，在平时的班级管理过程中，许老师给我提出了很多很好的策略：

1. 抓班风、学风建设，以班风促学风。

2. 制定班级日常制度，依据制度治班管人。

3. 培养一批责任感强、能力强的班干部。

4. 培养全班学生高度的责任感和集体荣誉感。

在实际班主任工作中遇到的问题，我会及时向许老师请教处理办法。学习许老师表扬、批评学生的语言艺术等。许老师说管理好班级离不开一个字——“勤”。坚持做到“五个勤”，即：

1. 眼勤（经常深入学生中，观察学生的一言一行，及时发现苗头性问题）；

2. 嘴勤（经常性强调学习的重要性，强调纪律问题，强调安全的重要性）；

3. 心勤（有一片爱心，经常去关心学生的学习和生活中遇到的困难，让学生感受到老师对他的尊重和重视）；

4. 脚勤（经常到教室、宿舍转转，及时发现问题）；

5. 手勤（和学生一起参加劳动等等）。

班级交流方面

11 月 19 日，我校初中部全体师生前往江声实验学校参加了为期一天的“手拉手”校园体验活动。参观校园、观看宣传片、聆听励志发言、深入班级课堂体验……在这些活动当中，同学们感受到江声校园环境的优美，体验到江声课堂教学的精彩，更感受到江声优秀学子的魅力。

12 月 16 日下午，我校 156 班与江声实验学校 1919 班进行结对联谊活动。1919 班学生在 1919 班班主任许老师的带领下，在 7 位家长代表的陪同下，带着 1919 班全体同学与家长的爱心礼物，来到了我们严冲中学。结对联谊活动中，精彩的发言、有用的“心肺复苏急救演讲与实际操作”、精美的爱心礼物、声情并茂的诗歌朗诵、欢乐的背夹球游戏、热闹的回赠祝福贺卡活动……通过此次活动，让许多学生懂得了感恩，学生们希望自己以后也能将善良和爱心传递下去，做一个有益于社会的人。

一份春华，一份秋实，在这一学期里，我有很大的收获，但是在某些方面还有不足，但是我相信如果我多向许老师请教，我可以做得更好。相信 156 班全体同学也同样如此，会更加珍惜现在的幸福生活，努力奋进，争取做一个有益于社会、有益于他人的人。

第四章
融合有痕

为了进一步推进湘潭江声实验学校融合合作办学工作，2018年10月，学校党委决定对融合合作学校进行考查与督导，此工作由学校督导室完成，负责人由党委委员、副校级督学何立军担任。为此，何立军组织督导室成员及部分行政和骨干教师，对江声融合合作学校进行了督导，并一一形成督导报告向县教育局与学校党委汇报。另外还呈予相应学校领导，就督导发现的问题与相应学校校长进行了交流与指导。

湘潭江声实验学校督导工作报告

2018 年下学期—2019 年上学期

2018 年 9 月—2019 年 5 月，根据学校党委会的要求，湘潭江声实验学校督导组分别对 6 所合作学校的管理、教育教学工作情况进行了督导。参与督导的老师由江声教学骨干组成，督导的主要内容有：党建工作情况；视察学校校园环境；与师生交流，听课、教学研讨，了解支教老师教学情况；调研江声资料使用情况；家长电话调查等。综合各所学校督导情况，概述如下：

一、江声办学理念、教学资源及教师指导对合作办学学校的管理、教育教学工作影响深远

1. 由江声委派的六所学校校长都全力以赴，克服重重困难，将先进的管理及教育教学理念带入合作学校，并身体力行地践行江声精神，感染了合作学校的师生及家长。由江声派去歇马中学、茶恩寺中学、杨嘉桥中学、茶园中学、乌石峰中学的支教老师，他们的教育教学理念极大地影响了相应学校的师生，他们反映就算是跨学科听支教老师的课，都对自己的教学组织形式、方法、内容有指导作用。

2. 江声将教学资源如教案、课件、试题及各项师生所用资料都毫无保留地提供给合作学校，合作学校师生反映受益多多。

3. 各所学校都反映合作办学给本校老师提供了很多学习机会，解决了很多老师教学上的困惑，对合作学校老师整体素质的提高有很大的帮助。合作学校对老师的培养也进一步重视。

4. 各所学校在教育管理水平及教学成绩上都有不同程度的提高，普遍建立了新型的师生关系，课堂更加生动活泼，许多师生感受到了合作办学所带来的幸福。

二、各所学校在合作办学后，努力吸取江声办学理念，均呈现出不一样的可喜局面

歇马中学师生状态非常好，老师学习积极主动，校领导践行江声教育理念到位，尤其是曾鹏翔校长全身心支持督导工作，接受新的理念，虚心听取督导意见；杨嘉桥中学在江声教师手把手的教学指导下，成长了一批业务过硬且有教育情怀的优秀老师，学校德育活动增多，学生综合素质提高；水竹学校教研意识增强，班级文化建设有明显改观，有一批年轻老师在专业追求上表现突出；茶恩寺中学管理较以往更加规范、细致，学生生活和学习条件有了明显改善，学生整体学习状态很好；茶园中学校风学风整体上了一个台阶，师生矛盾明显减少，学生的行为品质明显提高；乌石峰中学的合作办学时间虽短，但江声学校在管理及教学上的指导让该校老师开阔了眼界，增强了他们办学的信心。

三、重视问题，多校多部门共同探讨，形成合力，延续和发展合作办学成果

一年来，江声督导室对几所学校进行了多次督导，合作学校对每次督导过程中发现的问题都积极进行了整改，但有些问题一时难以落实，有些问题需要多方力量形成合力才能解决，希望上级有关部门重视这些普遍存在的问题，给予帮助，延续和发展合作办学成果。具体情况与建议如下：

1. 合作学校校情不同，学生起点不同，希望在以后的办学中注意基础不好学生的教育策略，提供一些让他们展示的平台，多开展一些学生活动，让他们收获到学校生活的丰富与快乐，而不是因为听不懂而上课睡觉或无所事事，浪费光阴。

2. 合作办学以后，合作学校的教育教学要求提高，老师们感觉到压力大，比较辛苦，要想办法提高教师的职业幸福感，激发工作积极性。

3. 水竹学校作为唯一的一所城区合作办学学校，亟待解决学校运动场地缺少、教师严重缺编问题。

4. 很多老师担心，合作办学结束后，现有的良好态势能否延续。

天易水竹学校督导工作报告

10月29日，在校党委领导安排下，督导室成员与特邀督导员汤石开老师一起对水竹学校的学校管理、党建工作情况、教育教学、校园安全、环境卫生等方面进行了全方面督查。督查发现，水竹学校校园干净整洁，青年教师工作积极，热情高，学生遵守秩序，有礼貌，学校各项管理都很到位。具体情况如下：

一、学校管理工作亮点

1. 党建工作开展好。党建材料翔实、规范；常规党建工作务实、有特色，党组织的战斗堡垒作用和党员先锋模范作用有很好的发挥。

2. 教务处组织的师徒结对活动成效显著，老中青教师互学互促；青年教师、行政人员工作热情高，精神面貌好。

3. 伏案工作检查记录细致，对每位老师都进行了点评。教务处每月都做好了教育教学工作简报。教研组教研气氛浓。

4. 德育管理、教学管理（课堂巡查、课间安全巡查等）到位，并每日进行了记录。

5. 学生课间操队列整齐，动作规范到位，且各班都排队入操场，秩序好。

6. 食堂干净卫生，菜式多（小学生6个菜），营养搭配好，各班小学生均举班牌排队入餐厅就餐，文明守纪，食堂员工还参与了学生管理。

二、课堂督查方面

随堂听取了两节数学课、一节物理课，并巡视了所有初中课堂及部分小学课堂。督查发现学生基础虽然弱，但授课教师基本功扎实，备课及课堂教学认真，教学中能及时指出学生学习时出现的问题。老师们整体状态好，非常敬业。

三、问题及建议

1. 建议教务处的各项资料进行归类存放。

2. 课堂部分班级有几名学生因听不懂课而睡觉，建议老师多加提醒。

3. 英语课有很多学生听不懂，不在学习状态。

4. 小学与初中的融入要更深些，老师们可以互相听课学习，另外建议加强小学与初中的衔接，例如可将 6 年级纳入初中部管理，以便尽量保证优质生源不流失。

5. 建议将江声的教研、德育、教学等活动安排发到江声行政群，然后由汤校长发到水竹学校群，以便水竹的老师来江声学习。

2018 年 10 月 29 日

歇马中学督导工作报告

12 月 11 日，学校党委安排督导室成员与特邀督导员朱志光、胡柏榆、钱丹霞、刘赞、马水平等老师一起对歇马中学的学校管理、教育教学、环境卫生等进行了全面督查，同时组织了"青年老师如何让自己尽快成长，如何感恩学校"等专题讲话，并对学生家长进行了电话调查，分别与老师、学生进行了交流。督查发现学校管理者教育管理理念新颖，工作认真负责，且在不断传递江声理念。青年教师学习积极认真，学校整体团结、和谐，校园文化也有档次。具体情况如下：

一、学校管理方面

1. 各项管理制度齐全，资料整理有序，内容具体。

2. 教案每周都有检查，都评了等第。教研课进行了量化计分，且敢于指出问题，评价非常客观，尤其是英语组。

3. 组织了各类活动，如体操比赛、游学活动、排练文艺节目等。

4. 学生学习气氛浓，表现大方、开朗，有礼貌。

5. 充分利用了校友资源，值得每所学校学习。

二、课堂教学方面

督查了语文、数学、英语、历史、物理课堂。学生上课纪律好，回答问题声音大，且养成了动手记笔记的好习惯。

语文课：

1. 老师上课扎实，知识点传授到位又全面。

2. 注重对学生的基本语文素养的培养，如朗读，概括段意，抓关键词回答问题，上课要有摘抄习惯等等。

3. 注重课程目标的达成，每位老师上课做到了心中有目标，每一次组织学生活动都有相应的要求。

数学课：

1. 理念比较先进，有课前预习、小组合作学习等，充分体现了以学生为主体的理念。

2. 学生的习惯训练很不错，小组讨论有内容，听课练习很认真。

问题及建议：

语文课：课堂扎实有余，灵动不足；老师没能机智处理教学细节，致使学生积极性不高；师生之间平等和谐氛围的营造，还要加强。

数学课：课堂讲解没有活力，不够生动，训练较单一，只重语言上的反复强调。建议可采用不同题型训练进行突破，另外要善于对解题方法进行归纳总结，并且老师在解题示范性方面的工作要加强。

三、班级文化建设方面

1. 教室设施较好，购置了空调、新课桌椅等。

2. 注重细节，课桌椅摆放整齐规范，地面干净。

3. 教室文化布置有规划，各班制作了班级信息牌，内容包括班级学生集体照、班名、老师信息、班主任寄语等，传递了江声文化。

四、家长电话调查及学生反馈方面

1. 家长接听电话热情，反映学校管理较好，老师负责，关心学生，家长很放心，没有提出意见。

2. 学生对《江声乐园》评价高，形容“如虎添翼”，到江声游学后，看到江声学生比他们更努力，回校后学习气氛更浓了。并反映本校体育课内容丰富，认为在校学习生活比较快乐。

五、其他督导发现及建议

1. 建议对青年老师的培养做个规划，对他们提出听江声支教老师的课、做中考试卷、做《江声乐园》题目、与支教老师微信或 QQ 联系等具体要求。

2. 建议利用资源培训老师，改变支教形式，由输血变成造血，不能只问支教老师要课件，要多和支教老师交流，带着问题交流。

3. 个别科目（历史）的课堂教学以应试为主，应改进。

4. 对于普通话的推广力度要更大一点，建议要求学生校内都讲普通话。

5. 门上的牛皮癣要清除，寝室厕所卫生和内务整理需加强。

2018 年 12 月 12 日

杨嘉桥中学督导工作报告

12 月 10 日，在校党委组织安排下，我校督导室成员与特邀督导员周为、张琰、胡柏榆老师一起对杨嘉桥中学的管理、教育教学、校园安全、环境卫生等方面进行了全方面督查，同时抽取了各班几名家长电话进行了电话调查，并分别与老师和学生进行了交流。督查发现，学校管理制度齐全，校园外围整洁，无纸屑，学生有礼貌。学校管理者着重于对树立学生理想、培养学习目的、前途方面进行教育。家长反响也较好。具体情况如下：

一、学校管理方面

1. 实行了分层走班教学。教师的备课情况每周都进行了检查记录，内容具体；会考科目的教学计划具体、清晰、有目标性（有提分措施）；教学活动多，活动内容资料分类整理有序；作业检查评比具体，评出了优秀作业；对每周的升旗仪式预先进行了备课，并能一直坚持。

2. 德育活动具体，实效性强。重点在学校管理、队伍建设、校园环境改善、学生综合素养、班级文化建设方面采取举措，提升了行动计划。学校较之前更加注重心理健康教育，同时还组织了学生游学、社会实践活动（到羊鹿茶场）等。

3. 学校某些传统活动具有新意，如考试分析，现在以教研组为主。

二、课堂教学方面

督查了语文（2 节）、数学、英语、历史、化学、体育课堂，其中历史课、语文课授课老师表现较为突出。课程评价如下：

历史课：

1. 老师课堂准备充分，精心制作了 PPT 课件。

2. 教学思路清晰，重点难点突出，讲解到位。

语文课（罗老师）：

1. 书写有引领作用，板书工整规范，有设计感，知识点讲解扎实。

2. 课堂上体现了以老师为主导，学生为主体，强调了学生的动笔能力，很多学生都上讲台书写。

英语课：

1. 英语老师口语标准，备课扎实，认真钻研了教材，课堂条理清晰，课件制作精美。

2. 学生课堂回答问题声音洪亮，大方，自信。

数学课：

教师教态自然亲切，板书工整、美观，表述准确，课堂设计合理，讲解到位，符合学生的认知规律。

化学课：

板书工整美观，学科语言规范、准确，上课条理清晰，详略得当。

问题及建议：

1. 老师的专业知识有待加强，如上《皇帝的新装》时，判定“谁是主人公”的问题讲得不够全面。

2. 英语两节课都存在教师讲得过多、学生机械操练过多的现象。建议关于段落意思的总结和语法方面可让学生总结，让学生充分思考，还有课堂应关注整体学生，尤其是后进生。

3. 数学课个别知识点讲解有误（已与授课老师交流）。

4. 课堂的效率应该还要提高，课堂容量应该更大。

5. 讲习题应该有侧重点地讲，而不应该题题讲。

6. 建议课堂上要关注每一个学生，并且要求学生上课要多动笔，不能手老是插口袋里。

三、班级文化建设方面

1. 班级文化营造得挺不错，每间教室都有图书角，特别是九年级的 145 班，励志教育、理想教育、学生成果展示等等班级文化展示墙板块设置非常用心。

2. 认真选拔了学生会干部并将名单、职责进行了公示，分工明确。

四、家长电话调查及学生反馈方面

1. 家长反映学校管理严格，老师负责，教学质量也不错。家长会中，校长、老师的发言都比较切合实际。对学校伙食也比较满意。个别家长反映自己的孩子比去年更有上进心。家长均表示满意，没有提出意见。

2. 学生反映学校增添了一些设备，管理比较好，学习纪律比以前有进步。同时反映作业量多，没有时间阅读课外书籍的问题。

建议：希望学校能利用学生业余时间，办一个特长培训班，如绘画培训班等；希望学校再加强一下关于学生玩手机方面的教育。

五、其他督导发现及建议

1. 建议利用资源培训老师，改变支教形式，由输血变成造血，参与培训的老师不能只问支教老师要课件，要多和支教老师交流，带着问题交流。

2. 少数老师有些回避听课和交流。

3. 办公室、功能室要加强管理，墙壁上所挂的文件头封面较脏，建议更换。

4. 寝室厕所卫生和内务整理需加强，公共厕所卫生也有待加强。

2018 年 12 月 12 日

茶园中学督导工作报告

2019年5月21日下午，根据校党委安排，我校督导室全体成员与学校几位英语、化学、数学、生物骨干教师一起，对合作办学学校——茶园中学的课堂教学及管理情况进行了督查，并检查了学校实验室建设情况。督查发现，校长艾正强以身作则，引入了江声活跃的教学模式，亲自带领老师与江声进行对接，以服务的态度对待学生，学校各项管理有序、到位。我校派驻的支教老师不但认真进行了课堂教学，而且积极与茶中老师交流。本次参与督导的化学老师陈风云针对需求，回校后为茶中老师提供了复习资料。茶中的老师也反映合作办学让他们在物质上、精神上都有收获。具体督查情况如下：

一、学校管理方面

1. 引入了江声优秀的管理理念及做法：采取了查班机制；对于调皮违纪学生，单独进行思想教育；积极运用多媒体教学；坚持晨会、考勤、听课制度；学生统一了校服等。

2. 各项管理严格，老师们对学校引入的新教育理念、教学方法落实较好。学生学习风气明显好转，与老师的冲突明显减少，老师们转变了观念，建立了新型的师生关系。

3. 行政人员在艾校长的带领下，服务意识越来越强，解决问题的能力有了提高。

4. 实验室建设：实验室仪器摆放整齐，室内干净，实验员为迎检做了许多工作。

化学许多器材和药品不齐。化学实验员是名老教师，既是化学老师，还教其他科目，有些工作力不从心。

生物器物及相应柜卡、实验物品账单、实验教案、学生实验报告单、实验通知单及各项登记基本齐全，但部分文件，如实验室工作计划、工作总结、实验教学计划等没有准备（负责老师表示后面会补上），实验考察要用的器材还没有准备到位；另外，生物阳老师组织了学生练习实验操作并填写了实验报告，这方面工作较扎实。

二、教学工作

数学：老师上课较积极，心态好，分析讲解湘潭县中考统考模拟试卷准确到位，板书工整。

建议：课堂学生状态不是很好，睡觉的学生较多，建议在如何调动学生学习积极性，

提高学生学习效率方面想些办法，

英语：教师个人素质高，语音漂亮、纯正。但上课内容有点杂，随意性较大。

建议：注意组织教学，保障课堂效率；听力题不需要一题一题进行训练，可以先整体听完，再重点讲解；关注全体学生。

历史：历史教学扎实，老师对毕业班的教学工作很主动，与我校督导老师交流了很久，请教了很多具体、细致的问题，并在督导员建议下，当场向艾正强校长请示增加后阶段历史复习时间，要求上晚自习。

三、师生交流方面

1. 历史老师肖灿，很有责任感、使命感，就学校的管理提出了建议与期望。
2. 与江声合作办学以后，老师希望这种良好态势在艾校长离开学校后可以持续发展。
3. 学生反映学校环境、教学设施越来越好，老师也越来越亲切，对来上课的江声老师表现得很热情。另外，反映化学《江声乐园》有难度；中考总动员基础部分对学生很适用；七年级生物用了《江声乐园》，反馈编得很好；八年级用了《生物中考总动员》以及各次生物月考试卷。

四、其他意见及建议

1. 建议九年级调整时间，近阶段多复习历史、政治，以应对中考。
2. 宿舍有蚊虫出现，建议采取灭蚊措施。
3. 建议培养老师的职业幸福感。

2019 年 5 月 24 日

茶恩寺中学督导工作报告

2019年5月21日上午，督导室全体成员与学校英语、化学、数学、生物骨干教师一起，对合作办学学校——茶恩寺中学的课堂教学及管理情况进行了督查，并与师生进行了交流。督查发现，刘雄校长能克服困难，坚持贯彻江声办学思想，在师生中产生了影响力，茶恩寺中学老师教学理念有更新，学生学习状态好，文明、有礼貌。具体情况如下：

一、学校管理方面

1. 学校各项工作有条不紊地进行，学校管理较细致化、规范化。
2. 改善了办学条件，学风较好。
3. 行政人员和老师对迎省检实验考查工作很重视。
4. 教师教学工作较为认真，课堂状况较好。

二、课堂教学方面

英语课：演示环节，老师先做好示范，然后把时间让给了学生，让学生充分练习，效果较好。

建议：听说课应该以听、说为主，语法要少讲；教授 target language 时，应该把句型板书在黑板上。

数学课：教师精气神俱佳，教学设计合理，学习效果不错。

建议：将重要的数学结论板书在黑板上，另外教师的书写还要加强。

生物课：板书详细，字体美观，使用了《江声乐园》。老师上课没有用多媒体，而是照着书讲。

建议：课堂更生动些，尽量使用多媒体教学。

三、师生交流情况

教师反馈：与江声合作办学后，教研组的建设活动增多，赛课的集体意识增强；青年教师的培养力度增强，外出学习的机会增多；更加重视九年级的学习；与江声共享资源、与江声老师交流极大地提高了老师的教育教学水平。

学生反馈：学生生活、学习条件普遍提高；学校更加关注学生的学习与生活需求；各类学生活动的开展增加，学生感觉在校幸福指数提高。

四、实验室建设情况

实验考察的准备与学生实验操作在五所合作学校里面做得最好。实验课较规范，老师比较重视，师生都进行了模拟考试，对实验操作不会的学生，老师一一进行了指导。

化学老师王俊博年轻，有激情，教学工作扎实，在五校联考中化学科名列第一。

五、其他问题与建议

1. 教师反映辛苦、疲劳，找不到工作的兴奋点，培养教师的职业幸福感难以突破。

2. 教室整理要注意细节，如张贴物掉下来没有处理，扫把倒了也没有扶起；教师办公室几次检查都比较乱。

3. 在团队合作与和谐方面，建议向做得好的合作学校学习，加强交流，互相提高。

2019 年 5 月 28 日

乌石峰中学督导工作报告

2019 年 5 月 21 日上午，我校党委委员何立军带领督导室全体成员与几位学科骨干教师赴乌石峰中学，通过听课、参加行政会、查看校园等方式，对乌石峰中学的课堂教学及学校管理情况进行了督查。具体情况如下：

一、学校管理方面

1. 参加了校行政会议：行政会的模式与江声学校一样，由校长主讲、行政负责人汇报主管工作，再对汇报的问题进行集体商议解决，校长落实与部署下周工作。各条主管线工作条理均很清晰。

2. 学校班级学生虽不多，但各项工作均按序进行。学校利用与江声合作办学的优势，在招生方面进行了宣传。

3. 年轻教师占有一定的比例，基本素质较好。

4. 校园整体干净，环境较好。

二、课堂及教学情况

语文课：老师准备充分，态度端正，整体基本素质较好，普通话标准，与学生交流时态度亲和，在课堂中联系旧知识来讲皇家马德里新知识，课讲得很细致很扎实。

建议：提高整个课堂效率，充实教学内容，增加课堂师生思维含量，重点发挥出学生的主体地位，减少老师的讲解，这样才有利于学生能力的提升。

英语课：两位英语老师年轻，口语漂亮，课前认真做了准备。

建议：提高课堂容量、学习效率，课堂上要设置一些任务来让学生操练所学知识；要注重学生能力的培养和知识的拓展，满足部分优生的要求；要多指导学生的学习和解题方法。

地理科：合作办学后，学生地理成绩提升幅度大。

三、实验室建设情况

为迎省实验教学抽查，学校领导事先请我校老师进行了指导，并向县器材室及中心校求助，解决实验操作问题。但此项工作相对启动较慢，部分教师没有引起重视，迎检态度不够积极。实验室除实验器材还较齐全之外，其相关的实验课教案、台账等资料不齐全。第二次检查时有一些改善。

四、其他问题与建议

1. 行政人员要打破原有的思维模式，更新管理理念。

2. 本次听课督查后，我校老师希望就听课情况以及学科教学情况与授课老师交流，但授课老师以阅卷为由没有参与交流。建议从行政人员到老师，都要善于发现与总结教育教学中的问题，带着问题与江声老师交流沟通。

3. 重点培养年轻教师，发挥他们的优势，提高工作积极性，提升课堂教学水平。

2019 年 5 月 28 日

湘潭江声实验学校 2019 年下学期至 2020 年上学期融合办学督导工作汇报

为了进一步扩大湘潭江声实验学校融合、合作办学工作影响力，增强工作实效，学校党委再次对江声督导室提出要求，督导融合、合作学校工作需增加内容，增加力度。根据学校党委会的会议精神，党委委员、副校级督学何立军又一次组织学校督导室成员及江声各科目教学骨干教师，通过听课、教学研讨、查阅备课及作业批改，对 2019 年度六所融合合作学校的管理、教育教学工作情况进行了两次督导，并就融合、合作学校的教学教研进行了有效交流与指导。通过处室资料查看、与处室行政人员交流、视察学校校园环境、学生问卷调查等深入了解了融合办学情况，同时就督导发现的问题进行跟踪，促进了融合、合作办学学校的管理提升，提高了老师工作的主观能动性。综合各所学校督导情况，概述如下：

一、融合合作学校校长注重传承，把江声办学理念、教学资源及教师指导很好地带入新的融合合作办学学校，进一步扩大了融合合作办学的影响力

1. 由江声党委研究决定委派的融合、合作办学学校校长有四位是富有融合合作办学经验的行政人员，他们工作更加成熟，更加懂得传承与创新。六位校长都全力以赴，克服重重困难，将先进的管理及教育教学理念带入融合、合作学校，并身体力行地践行江声精神，感染了融合合作学校的师生及家长。

2. 江声通过开展送教送培活动、多维结对交流（班级、班主任、教研组长结对）、师生来校体验等方式，促进融合、合作办学，有效开阔了融合合作学校师生的视野，共享了优质教育教学资源，提供了众多学习的平台和机会，有力地促进了融合、合作学校的发展。

二、融合合作学校师生受江声办学理念影响，均呈现出不一样的可喜局面

河口中学行政班子凝聚力强，管理注重细节，教育教学管理成绩突出，教师关爱学生，学生对学校和老师的认可度高；锦石学校师生状态非常好，老师学习积极主动，校

领导践行江声教育理念到位，各项管理工作很有成效；镇一中非常注重学生习惯的养成，以及行政人员和教师素养的培养，效果显著，各项制度制定细致、具体，并落到了实处；水竹学校教育教学管理有很大突破，各项资料整理更加系统，并以视频展示，教师教研意识强，有一批年轻老师在专业追求上表现突出；中路铺中学行政执行力高，校园文化建设好，年轻老师有上进心，“智慧校园”的运用很有特色；花石中学在管理上更加细致，年轻老师有追求，学生状态有明显改变，对于理想、前途有明确的认识。

三、重视督导问题，不断探索，提高融合、合作办学效果

融合、合作学校对督导过程中发现的问题积极整改，但有些问题需要多方合作共同解决，具体如下：

1. 教育应该面向全体同学，尤其要关注后进生的发展。建议做到因材施教，多给予后进生展现自我的平台和机会，挖掘他们的特长和潜能。

2. 建议各中心校优化教师评价方案，增强教师工作积极性。

3. 江声及各融合学校虽校情不同，但学生培养方面总体一致，建议提高教师教育教学能力，制定学生成长目标，从观念上缩小城乡差距。

河口中学督导工作报告

督查时间：2019 年 12 月 2 日

一、学校管理工作亮点

高度重视党建工作，将党建工作列入学校工作大局通盘考虑，能结合学校特点和党员队伍现状，明确党建工作目标、措施、责任人等，党建工作务实、规范。

学校各项工作资料准备充分，所制定的期初计划包括有部门工作计划、科目教学计

划、教研组工作计划、培优辅潜计划、写字课及作文课计划等，内容细致、具体。

3. 行政人员团结，工作责任心强，思路清，均能尽心尽力做好所属行政工作。老师们工作热情高，对学校安排的工作能不打折扣地完成，精神面貌和工作态度都很好。

4. 教学管理工作细致到位。学校对考试后每一科每一题的考试成绩进行了数据分析，并总结了失分原因，提出了解决措施。对教师教学工作提出了具体要求：如作业批改方面有 5 条要求，包括批改次数、评价等；上课方面制定有 10 条要求，包括上课用普通话教学、教师仪表要规范化、课堂上要精讲多练、实验课演示要科学严谨、辅导学生要耐心等。

5. 周一的升旗仪式活动仪式感强，国旗下的讲话内容有侧重点，较好地注入了江声文化。

6. 组织了各项活动，如单词竞赛、篮球赛、秋游活动等，游学后组织学生写了体会，并做成了美篇。

7. 优生流失虽严重，但学校校风很好，在校学生表现大方开朗、有礼貌。

8. 学生宿舍生活用品（口杯、毛巾、桶子、鞋子等）摆放整齐，方向一致，被子、床单折叠有形，地面拖扫很干净，内务整理很到位。

二、课堂督查方面

教师均制作了课件，运用多媒体教学，教学思路清晰。学生整体听课认真，并做好了笔记。

问题与建议：

历史课：某些概念不清楚，如什么是苏联模式；可补充一些材料分析题，培养学生分析和思考问题的能力。

生物课：要更注重知识的联系性，培养学生的逻辑思维。

化学课：在学生合作学习、小组交流方面给予时间，知识的呈现过程可以更加详细、具体。

三、校园安全及食堂后勤工作方面

1. 校园分教学区、办公区、活动区、宿舍区几个版块，制作了教师宣传牌、文化墙等。校内整体干净整洁，无垃圾纸屑，环境卫生较好。

2. 食堂食材分类摆放，就餐间桌面、地面干净，工作人员按规定戴了工作帽、口罩等。

四、学生调研方面

调查了八、九年级共 20 名学生，其中 18 名学生对学校的管理、教育教学工作均答很满意，另 2 人答满意。

学生反映老师非常关爱同学：有的班主任老师为学生准备吹风机；有的班主任自己出钱为学生买饮水机，确保夏天有冰水，冬天有热开水；有的班主任老师自己掏钱将受伤同学送去医院等。

建议：个别学生反映同学间有故意孤立、辱骂讥讽等校园欺凌行为，建议学校及老师关注。

五、其他发现与建议

1. 我校支教老师邓丽有教育情怀，在河口课堂上教学生作画时，利用手机播放音乐作为背景，给学生营造一个艺术氛围，受到河口学校领导的高度赞扬。

2. 学校老教师偏多，老师们平均年龄在46岁左右，部分教师身体健康状况不是很好，经常带病工作。

3. 建议后勤部门对学生寝室两处需要维修的地方进行落实。

2019 年 12 月 7 日

易俗河镇一中督导工作报告

督查时间：2019 年 12 月 2 日

一、学校管理亮点

1. 各项工作开展有条理，管理到位。教师工作认真，学生习惯培养好。

2. 每周开展了升旗仪式。学校单周进行了班级文化展示，双周教师展示。

3. 学生课间活动丰富，很多学生利用课间跳绳、打球，校园氛围活泼，学生开朗、有礼貌。

4. 校园干净整洁，地面无垃圾。

二、课堂督查方面

上课纪律好，师生状态不错，课堂效率高。

语文课：采用多媒体教学，教学重点难点突出，师生配合默契。学生积极思考，能够学以致用。建议：游戏环节后可再次采访上台者，突出其心理变化。

生物课：教师教态亲切随和，学生精神状态好，能积极思考、举手发言，紧跟老师的思路。建议：注意 PPT 文字的精简；学生有大声读题目的习惯，是否可以不大声，让学生在课堂上安静解题？

历史课：教师专业素养高，课堂驾驭能力强，备课扎实。学生参与度高，善于开动脑筋，课堂气氛活跃，作业落实好，有针对性。师生表现均优。

数学课：教师准备充分，学生认真，积极配合，参与面较广，主体地位得到了体现。

建议：教师语言可更精练、准确；课件可更精美一些，有些题目字体太小；可板书一个有代表性的例题，起示范作用。

英语课：教师专业基本功扎实，注意调动学生学习积极性，注重培养学生大声读英语的能力，本堂课整体教学效果好。建议：个别学生在参与教学活动中，出现单词发音不准时，要及时纠正。

三、学生调研方面

接受调研的学生均反映在校生活很愉快，对学校的教育教学管理、教学质量表示很满意。

2019 年 12 月 7 日

锦石中学督导工作报告

督查时间：2019 年 12 月 3 日

一、学校工作亮点

1. 校长勤政、务实，亲力亲为，行政人员团结，有向心力。校领导反映学校管理更加规范，有条不紊，老师们积极向上，说消极话的没有了，师生状态改善很大。

2. 家长会创新了形式，家长到会率 100%，班主任准备精心，会议形式多样，内容丰富，反响很好。

3. 进行了伏案工作检查，采取了整改措施：补全各项伏案工作资料，纳入奖学、奖教评价体系。

4. 开展了游学、体操比赛等学生活动，学生广播操规范，动作整齐、有力。

5. 校园卫生整体干净整洁，旱厕没有气味。

二、课堂督查方面

语文：备课认真，多媒体辅助教学，资料源多。学生能积极参与课堂，举手的较多，回答问题精准。问题及建议：学生动笔机会较少，极少数同学不热心学习，有瞌睡现象。建议调动所有学生的学习热情。

物理课：教师准备充分，大部分学生能跟上节奏。建议：加强实验，多注重基础。

历史课：学生上课能认真听讲，做好笔记。建议：能板书归纳小结。

英语课：教师准备充分，利用 PPT 教学。绝大部分学生能跟着老师的思路主动思考、学习。问题及建议：基础薄弱的学生不能很好地掌握所学知识；建议老师更仔细地研读教材，让 a － b 段教学过渡更自然；老师对重难点的把握可以在课堂上体现得更充分，讲解得更为透彻点，重点单词语法句型要多操练、巩固。

三、学生调研方面

调研了 32 名学生，有 24 名学生反映对学校的管理、教育教学质量很满意，余下 8

名学生表示满意。

学生反映学校有良好的教学环境，班主任工作负责、关爱学生，科任老师也很负责。如 C1804 班主任公正不偏心；C1802 班主任对学生很友好；C1702 班主任温馨；化学任老师有趣；阳国锋老师经常激励学生；谢亚军老师深入到学生中谈心；陈习军老师无微不至地关心学生等。

四、问题与建议

1. 主题党日活动形式比较单一，建议丰富党员教育形式，创新党建工作载体，以党员喜闻乐见的方式进行主题教育。

2. 少数学生反映校园内存在有言语恐吓、辱骂讥讽、殴打、故意孤立等欺凌现象，建议学校关注；个别班级政治课及其他课上课纪律有待加强（C1703）。

3. 建议女厕所洗手水龙头能尽快通水，能做到如厕后洗手。

2019 年 12 月 9 日

花石中学督导工作报告

督查时间：2019 **年** 12 **月** 3 **日**

一、学校管理情况

1. 我校派驻校长尽力在传输江声理念，改进教育教学管理工作。

2. 学校制定了一系列制度，对教师工作量进行了细化，打破平均主义，用制度约束人，调动了大部分老师的工作能动性。

3. 参照江声模式制定了各项工作计划，按月进行了伏案工作检查，落实了师徒结对工作等，班主任队伍建设有明显进步。

4. 坚持对学生进行引导，学生状态较上期有较大的改变。

二、课堂督查情况

地理课：老师准备充分，课件精美。学生能较好地开展自主学习。问题及建议：课堂上重点难点把握不足；专业语言的表达不够严谨，提问方式有待改进；小组合作流于形式；课件利用不充分。

历史课：学生学习比较自觉，能主动做笔记。建议：重点问题的分析还可以加深点难度、深度，紧跟中考。

体育课：教师素质不错，引入了一些新的教育理念。建议：多向外交流学习。

三、学生调研情况

共调研了30名学生，15名学生答对学校的教育教学管理、教育质量表示很满意（占50%），13名学生答满意（占43%），2名学生答一般（占6%）。老师们没有体罚学生和变相体罚学生的行为。大部分对学校教师为人师表、关爱学生、敬业爱岗方面评价为很满意。其中学生反映语文老师胡逸上课充满乐趣，受学生欢迎。另外，学生反映食堂员工工作态度一般，希望改进。

学生建议：学校不停水，食堂能改善伙食，早上可以多提供点面食；寝室能多安几台风扇。

少数学生反映同学间有言语恐吓、辱骂讥讽、故意孤立、殴打等校园欺凌行为。个别学生反映同学间存在勒索行为（C228），要重点关注处理。

四、其他发现与建议

1. 建议增强行政人员的凝聚力，充分调动行政人员的工作积极性，加强师德师风建设，提高教师职业操守，增强奉献教育的高尚情怀。

2. 教师评级、晋级制度的平均主义，对老师们的工作创新热情、积极性有一定的影响。

3. 校园环境卫生及学生寝室卫生、内务整理极待加强，学校厕所卫生也有待加强。

4. 要调动党建工作的积极性，以党建工作实效去推动教育教学中心工作的发展，发挥党建领航的作用。

2019年12月10日

中路铺中学督导工作报告

督查时间：2019 年 12 月 17 日

一、学校工作亮点

1. 学校行政人员反映我校派驻校长工作落实好，对中路铺中学教育教学管理提升起了重要作用。

2. 行政人员工作负责，热心指导青年教师。学校老师大多工作很认真，很多老师注重形象，精神面貌很好。青年教师学习积极性尤为突出，学生也很有礼貌。

3. 课堂教学中师生一直在坚持使用“智慧校园”网络卡，教师利用网络卡下载课件，学生人手一卡与老师互动，解题答题，比较适合本校学情，效果好。另外，学生出入校园时该卡可自动识别，有效降低了管理难度。

4. 各科教学计划整体详细、有针对性，教学工作的检查比较到位。学校对学生作业批改的情况进行了调研。

5. 采用了期末工作倒计时方式，将后段工作内容具体安排到了每一日。

6. 开展了多项活动，如承接国培活动、艺术节活动，召开了运动会，并在运动会上展示了鬼步舞等。学生游学后反映收获很大，认为江声学生学习更刻苦，老师的教学方式不一样，学校硬件更好，因而确定了将来要到城市发展的目标。

7. 学校取消了校园商店，校园内无垃圾纸屑，绿化带修剪各有特色，彰显了文化底蕴。

二、课堂督查方面

老师们备课认真，绝大部分学生能认真听讲。

数学课：教师有激情、亲和力，知识的传授、方法指导到位，学生学习积极，课堂气氛很好。建议：课件的字可以更大点，学生齐答可以少点，可增加个体答问。

历史课：教师备课认真，利用了“智慧校园”中的相关资源（包括视频、地图、油画等），学生互动积极，效果很好。

地理课：大部分学生能跟上教师的节奏，较好地掌握了学习内容。问题及建议：个别学生在睡觉，上课没有课本，建议狠抓学生听课习惯，搞好养成教育；多给学生思考、讨论的时间。

政治课：教师教学理念较新，注重学生能力的培养，注重素质教育。建议教学（复习）时形式可更加丰富，练习的时间可适当增加。

英语课：教师准备充分，制作了课件。学生听课很认真，能在轻松愉快的氛围中学习。建议：2a 的文本处理方式有待考虑，建议以听说的模板 2d 为基础，注意培养“说”的能力。

生物课：老师认真对待本次视导，本堂课讲授内容较难。建议老师注意教学内容的思路与方向。

三、学生问卷调查方面

调研了 24 名学生，13 名学生对学校的教育教学质量、管理表示满意，8 人答很满意，3 人答一般；老师无体罚和变相体罚行为；与去年相比，德育课程更加丰富，食堂改变了就餐方式，伙食有了改善。

部分学生反映有校园欺凌现象存在，建议加强关注。另外学生希望改善操场跑操时灰尘重、饮用水设备坏、热水缺少供应等问题。

四、其他问题建议

1. 建议多组织教师参加外界的教学交流活动。

2. 食堂地面有垢，地滑，建议彻底清洗。

3. 有的教师办公室卫生较好，但少数办公室东西较多，个别空办公室垃圾较多，卫生有待加强。另外，男生寝室卫生有待加强，洗漱间污垢较多，寝室气味浓，公共男厕所卫生也有待加强。

2019 年 12 月 18 日

天易水竹学校督导工作报告

督查时间：2019 年 12 月 17 日

一、学校工作亮点

1. 重视党建工作，紧抓常规，构建了党建工作体系，严格组织生活，重视党员教育与培养，党建资料比较齐全和规范。

2. 校长勤政，每日对学生课堂情况进行巡查，学校每日安排了行政人员值日巡查。

3. 学校各部门资料整理齐全。教研组计划、个人教学计划有统一的模板，比较规范。

4. 开展了信息技术培训、新教师培训、师徒结对、与江声融合学习、国培、送教下乡等一系列教研活动。教研组长的“五单”研究学习开展较好，包括问题单、任务单、点子单、反馈单、学习单五个方面。

5. 对学生考试结果进行了质量分析，分年级召开了学科会、毕业科会、教师会。

6. 德育评价和常规工作落到了实处，教室规范化已成体系，家长会有实效。

7. 组织了基础知识竞赛、县艺术节活动、体操比赛、分年级趣味体育比赛等学生活动。

8. 工会组织了为期一个星期的教师活动，有跳绳比赛、拔河赛、定点投篮赛、“爱的魔力转圈圈”活动等。

二、课堂教学情况

老师们听课积极，热情高。

历史课：教师有魄力，对教材的把握准确，学生学习态度好，发言积极，师生合作效果不错。建议：老师多留点时间让学生思考。

地理课：本堂为复习课，教师明确了复习任务，大部分学生能跟上老师的进度，较好地掌握了所学知识。建议：教师放慢一点语速，多关注学生；注意学生回答问题的正确率；可让学生多讲一点。

政治课：教师课件制作内容充实，教学素材丰富。课堂氛围和谐，师生互动交流比较充分，学生参与思考、讨论面广。建议：板书方面可以进一步优化，更清晰地呈现出知识结构和重点。

生物课：课件准备精心，教师学科素养高，善于引导学生思考，学生的学习状态非常好，课堂中积极举手发言，基本上都能做好课堂笔记。建议：第一部分的概念学习可以留长点时间，以利于让学生充分理解。

数学课：老师反映学生两极分化严重，建议关注整体，以教材为本进行教学练习，在资料的使用上要有选择性。

化学课：老师上课认真，课件资料准备充分，化学组成员积极配合，教研气氛浓。

英语课：老师很年轻，口语很棒，个人素养不错。建议：老师备课要注意备学生，备学情，突破重点难点；学生参与互动很少，有的学生在课堂后面睡觉，老师在课堂上可以到教室中间走动，有利于观察全体学生是否都在听课。

三、学生调研方面

对 28 名学生进行了问卷调查，27 名学生对学校的教育教学管理、教学质量表示很满意，1 名学生表示满意；校园欺凌现象较少，只有少数两三名学生答有故意孤立或言语讥讽的现象。C1703 学生反映老师关心同学们上课状态和质量，工作负责，连周末在家的作业、背诵内容等都一一进行了落实。

四、其他问题及建议

1. 加强党务干部队伍建设，提高其党务工作能力，使其逐步成为党务工作的行家里手。

2. 寝室内务整理需加强，有一间寝室学生被子没有折叠。

3. 体育老师口令的节奏感要强一点，要像其他科目老师一样，主动与外界交流学习。

4. 学生建议行政值日查堂更严格些，多走进教室看看，学生中还有一些不良行为如乱扔垃圾、迟到、顶撞老师等现象。

2019 年 12 月 22 日

2020年上学期花石中学督导情况汇报

督查时间：2020年6月4日

一、学校常规管理

1. 各项工作记录、管理制度规范、齐全，资料准备充分。我校外派校长对学校各方面工作情况应答如流，学校教务主任、负责德育的老师积极主动介绍教育教学情况，整体工作有突破性进步。

2. 开展了多项德育活动：周会课与主题班会课进行了结合。八年级开展了禁毒活动、国学经典朗诵活动；周五反复进行了全校防溺水教育。

3. 九年级本期考取了两个海航生，其中一个文化直升，一个加分。

4. 食堂地面卫生较好，工作人员按要求戴了口罩。

二、工作亮点

1. 开学初期邀请了教研室的各科老师对毕业学科进行了视导，并组织了一次汇报课，汇报课评课仔细，评分规范，视导课、教研员的评课记录详细。

2. 设立并发放了江声奖、教学奖，激发了师生教学、学习的积极性。

3. 招生工作提前做了准备，并且有针对性。

4. 体育考查组织很规范，学校统一进行了测试。

三、其他意见与建议

1. 建议加强课堂常规的规范化管理（如个别班级有部分学生被罚站等）。

2. 课堂教学以学生为主体方面要加强。

3. 建议主题班会课做好课程安排。

4. 各功能室、厕所卫生要加强。

2020年6月8日

锦石中学督导情况汇报

督查时间：2020 年 6 月 4 日

一、常规管理方面

1. 重视党建与教学工作结合，有“围绕发展抓党建，抓好党建促发展”的意识。

2. 派驻校长号召力强，学校行政人员执行力高。

3. 校园登记制度严格，外来人员进入校门需要办理查看健康卡、测体温、登记姓名等一系列手续。

4. 开展了庆“六一”活动、法制讲座、图书角评比、常态化安全教育（防溺水、食品安全、交通安全）、黑板报评比、主题班会、心理健康教育等活动。

5. 老师上课认真，师生课堂互动较好。学生文明有礼貌。

6. 校园干净整洁，垃圾桶也较干净。

二、工作亮点

1. 学校工作计划及总结比较规范。伏案工作检查仔细。

2. 进行了青年教师业务考试，对前几名的老师给予了荣誉奖励。

3. 老师们听课积极。学生精神状态好，听课及记录都很认真，课堂纪律好。

4. 进行了办公室建设，教师办公室整洁、美观。

三、意见及建议

1. 加强教研教改活动，建议各教研组开展学科教研活动并做好记录。

2. 地理课少数学生课前、课堂准备不足，没有教科书及相关学习资料，建议老师多加关注。

3. 德育资料要成体系，办公室工作资料要及时更新。

4. 寝室厕所卫生及学校旱厕卫生要加强，会议室前的沙子要及时清理。

2020 年 6 月 8 日

易俗河镇一中督导工作报告

督查时间：2020 年 6 月 9 日

一、学校常规管理

1. 各项管理制度齐全，管理规范，行政人员好学，工作积极主动且认真负责，各处室之间非常和谐。

2. 对特异学生进行了摸底并分类。

3. 教务处组织了各类师生活动：如传统体育文化进校园，剪纸活动，以疫情为主题的绘画活动，教师硬笔字、书画比赛等，还组织了读书活动（分自读、共读），并以微讲座、国旗下的讲话等形式进行了分享。

4. 各学科徒弟上了“青蓝工程”汇报课，确定 90 分以上为优秀。

5. 疫情期间开展了线上教学，并对教学情况进行了总结。

二、工作亮点

1. 各项计划制定规范，内容很具体，各项工作开展很细致。

2. 班会课以“微班会”形式呈现。主题先由学校期初统一制定，再由每个班备一堂主题班会课，然后集体讨论并共享，既体现了集体智慧又体现了资源共享，还减轻了班主任工作量。

3. 一周 2~3 次的德育播报，内容有主题教育、工作总结、优秀表彰等内容，且全部留档。

4. 校园各处都很干净。食堂外配备了消毒水、洗手液，员工操作规范，学生就餐实行分餐制，地面、桌面、餐具都很整洁。

三、意见及建议

1. “德育通报”建议改成“德育联播”（已与相关行政一起讨论确定）。

2. 加强教学工作方面的宏观规划，如工作分类方面可以适当整合。

2020 年 6 月 13 日

中路铺中学督导情况汇报

督查时间：2020 年 6 月 9 日

一、学校常规工作

1. 学校行政人员工作积极、认真。行政人员对督查中提出的问题都能全面细致地回答。

2. 本期组织了 5 次英语教研组活动，其中有一次有县名师工作室参与，3 次数学教学组活动，4 次理化生教研组活动，6 次音体美教研组活动。

3. 重视加强党员、教师的日常学习，对党员、教师“学习强国”分数情况进行定期通报。

4. 组织了英语单词竞赛及融合学校的优生联考。

5. 在县一中海航班招生中有 1 人录取海航班，其余参与选拔的学生优秀率高。

二、工作亮点

1. 本学期检查了三次班主任工作手册（每月一次），手册记录认真，内容全面，含会议记录、夕会记录、班主任工作计划、学生谈话记录、主题班会、学生信息等 19 项。

2. 伏案工作检查比较详细。含教务、听课、政治学习、业务学习、作业批改、教研组活动等。

3. 课堂常规情况进行了详细记录，教室监控连接到了教务处，及时关注了学生课堂情况。

三、意见及建议

1. 建议同科目老师多听江声支教老师的课。教研组会议记录要更规范一点。

2. 各功能室卫生要加强，寝室管理及厕所卫生要加强。

3. 食堂工作人员要戴好口罩。

2020 年 6 月 13 日

河口中学督导工作汇报

督查时间：2020 年 6 月 16 日

一、常规工作

1. 各部门工作开展有条理，行政人员身体力行、处室之间非常和谐、团结，工作执行力高，老师爱校，学生感恩。

2. 召开了毕业班的教师会、教研组长会、教研组会、评课议课会等。

3. 组织了系列教学活动：九年级的复习课，任课老师每人上一节，然后一起讨论；开展了语、数、外基础知识竞赛；组织了模拟考试；进行了语文省级课题研究活动。

4. 组织的德育活动：开展了防疫教育、安全教育、爱国教育、防溺水教育、国防征文、手抄报、疏散演练等德育活动。

5. 招生工作：每周派行政人员下小学了解情况，对全乡镇学生人数、流向等进行了摸底。

二、亮点工作

1. 按中心校的要求，国旗下的讲话以省教育厅统一录制的国旗下讲话系列内容进行，目前已进行了 10 期，效果好，教育性强。

2. 进行了校园文化建设，修订了文化墙，增加了“向上、向善、求真、求知”的校训以及“祖国在我心中”的寄语，学校文化氛围浓厚。

3. 校园各处无卫生死角，环境好。寝室卫生及整理特别到位，走廊及寝室地面一尘不染，无任何杂物，被子、生活用品折叠、摆放整齐，尤其男生便盆刷洗得洁白如新；食堂安装了新桌椅、纱窗门，每一个学生都固定了座位并贴了名字标识，食堂里没有看见一只苍蝇。

三、意见及建议

1. 加强对学生的培优工作。

2. 主题班会课要保障。

2020 年 6 月 17 日

天易水竹学校督导工作报告

督查时间：2020 年 7 月 2 日

初中部

一、常规工作

1. 行政人员工作负责，执行力强。学校各项资料准备齐全，各项工作有计划性，且工作内容记录详细。

2. 参照江声模式成立的新闻信息部，认真撰稿了学校各项活动，以微信美篇方式对外进行了推介，提升了学校影响力。

3. 每月一次的德育活动，都有方案，并且很具体：如评选“美德之星”；评选了 125 名“十佳中学生”等。学生文明就餐、文明上下学乘车组织也较好。班级文化建设也落到了实处。

4. 开展了多项教学教研活动：与江声毕业科备课组一起开展了教研活动，江声各科骨干教师来水竹送课；新聘教师上汇报课；语文组 5 次教研活动；毕业科 3 次模考；五单式“问题单”“学习单”“任务单”“点子单”“反馈单”研究活动；教师读书活动；抗疫征文等。

二、亮点工作

1. 各科各年级都开展了教研课，由教研组长安排老师上课，备课组先磨课，然后一起讨论。

2. 各班派代表参加了“最美水竹共青团路”志愿者服务活动，为创文工作做了贡献。市共青团微信推送了此项活动。

3. 市规划英语课题、省协会校本教研课题结题工作按时完成。

4. 艺体组美术作品展得到了傅国平书记一行领导的充分肯定。

三、意见及建议

1. 注意德育活动方案的规范性。开展的各类活动不要占用正规上课时间，建议在课余时间进行。

2. 建议关注毕业班复习课的课堂学生状态，提高学生的学习兴趣。

小学部

主要工作

1. 结合各类传统节日，开展了不同形式的活动如诗词考级、武术进校园活动等。
2. 针对不同年级，制定了不同活动内容，让学生在6年里接受72个主题的德育教育。
3. 班主任考核以及主题班会课都进行了改革。
4. 着重对学生进行行为习惯教育，并组织了行为习惯展示活动。

建议：注重艺体教育的规范性。

2020年7月10日

乌石峰中学督导情况汇报

督查时间：2020年7月9日

一、学校常规工作

1. 乌石峰中学行政团队执行力有很大的提升，学校管理更加细化，年轻行政人员有思想、有创新力。

2. 开展了一系列学生活动：读书节的书签制作比赛、心理团建活动、与江声手拉手活动、七年级青少年社会实践活动等。

3. 每月的伏案工作检查总结具体。学校 13 位老师，每位老师都上了一堂教研课。

4. 师生呈现的精神面貌较好。学生课堂专注度也较高。

5. 校园干净无垃圾，寝室学生用品摆放整齐，食堂餐具进行了消毒，餐厅整洁。

二、工作亮点

1. 德育计划与总结（包括学校、年级、班主任工作）内容都很详细，班级量化管理细则、学生日常管理的制定也很细致。

2. 将传统武术——太极拳引进了校园。

3. 制作了很有新意的九年级学生毕业相册。

三、意见及建议

1. 周计划总结，落款要有时间。

2. 个别方案的结构及表述要更规范一点。

2020 年 7 月 10 日

融合合作学校派驻校长工作调研

根据校党委的要求，督导室从德、勤、能、绩四个方面设置了问卷，通过与对方学校领导、老师进行问答交流，以及原校老师填写问卷内容的方式，对我校六位派驻校长一年来的工作进行了调研。情况如下：

锦石中学 刘金城校长	调研情况
“德”	特别廉洁，政治上有高要求，廉洁自律方面是多年来校长里面做得最好的 能以身作则。学校行政风清气正了，执行力提高了，领导班子表率性强了。 特别关爱学生。老师和学生对校长的看法全部是正面的，没有听到负面的信息
“勤”	工作勤勉，亲力亲为。周六、日、法定假基本都到校，平常总是巡查学生情况、做资料，查早操，晚上有时查寝到 11 点半
“能”	工作思路非常清晰，管理学校有大局意识，把江声好的工作方法和作风带入到了锦石中学。如德育方面注重全面培养学生，近一年开展的学生德育活动是以往很多年都没有的；教研方面的行政推门听课、拜师展示课、考试、试卷分析等，提高了教师工作能力
“绩”	各部门分工更加明确，能各司其职 学生在校状态明显好转 校园环境、教室卫生有很大的改善 班级文化有各自的特色 教师工作群有了更多的正能量 毕业优生突出增多 改善了食堂伙食，采用了自助餐方式。吸引了教师及家属就餐
师生意见	刘校长很不错，可惜时间短了，只工作一年

花石中学 王镜芳校长	调研情况
“德”	校长廉洁，没有享受学校任何福利 工作务实，做事规范，对花石中学有感情。每周的国旗下的讲话都亲自上台讲 每周五放学，王校长及行政班子都会在校门口送学生，叮嘱学生注意安全，与家长沟通
“勤”	以校为家，所有活动都亲力亲为。是一个务实、勤勉的校长
“能”	严抓了课堂常规，落实了伏案工作、学生管理工作 实行按劳分配、整体上均衡了教师工作量 实行分餐制，用餐更卫生，冬天的饭菜让教师们吃得更舒服
“绩”	改变了教师的工作观念，教师的爱岗、敬业意识、服务意识、工作状态与积极性都增加了 学校工作开展平稳、有序 学生在县级体育赛（篮球、田径）中获得了好成绩 学生的日常行为有好转，无打架斗殴等现象，教育常规管理方面有进步
师生意见	王校长思路清晰，比较有魄力，有亲和力，有教育情怀

河口中学 莫国强校长	调研情况
“德”	没有享受任何福利。主动担任潜能生班的数学教学，毫无怨言 能以身作则，同时与行政人员同心同德，对老师给予人文关怀，对学生关爱
“勤”	做到了出满勤。起得比学生早，睡得比学生晚 从未因家事影响工作

“能”	工作有魄力，思路清晰，考虑周全，能力足 采取了很多措施：分层教学、带师生外出开阔视野、抓德育常规、开展德育活动、与江声名师交流、严把食堂进货关、改善食堂条件、添置新餐桌等 为学校的长远发展考虑，如小六招生工作，与下面的小学联系、摸底，进行了规划
“绩”	合作办学后，行政人员执行力有质的飞跃，能力得到了提升。管理更规范。 硬件得到改善：校园内网络全覆盖，为教室和寝室争取安装空调、解决了学生宿舍供水问题 学生更文明、阳光，学习更努力。教师教学热情更高 校园更整洁 获得县级优秀德育处、教导处、后勤处、优秀文明县城创建单位、市级文明单位、市级优秀工会等荣誉
师生意见	是一个很有情怀的老师，一个服务型校长，一个有改革精神的校长 得知莫校长要离开河口了，许多同学给莫校长写信，还有的送了自己做的小礼物；原来的合作办学学校歇马中学的老师还经常来看莫校长

中路铺中学 艾正强校长	**调研情况**
“德”	没有享受任何学校待遇 有爱心，责任心强。勇挑重担，以身作则 教师和行政班子成员拥护他的决策
“勤”	任劳任怨。查班深入到教师、班级之中。一周有三四天都是下晚自习后再回 每天对顽劣学生进行纪律、思想教育 办公室卫生自己打扫
“能”	把江声优秀的管理模式带到了学校 一年代了三个老师的课。所代班级学生的纪律和成绩有较大的提升 教学方面的新举措促进了教师成长：鼓励 45 岁以下的教师多写论文；新老教师结对学习；班主任培训；抓课堂常规，向 45 分钟要质量等

“绩”	学校涌现了一些赛课能手和县市级学科带头人 学生精神风貌发生了较大的改变，违纪学生明显减少 八年级 214、215 班的班风、学风、纪律都有较大的提升；三个年级成绩也都有较大的提升 毕业优生突出增多 毕业典礼，师生都感动哭了
师生意见	工作认真负责，严于律己，亲力亲为，是一位优秀的校长 一心为学生，切实将教育事业放在第一位

镇一中	**调研情况**
刘镔	廉洁自律。工作思路清晰，有担当 以身作则，每天以饱满的热情面对工作 在学校道德与法治老师不足的情况下，主动承担教学重担 培养了有责任心、有领导力的中层干部和班主任老师，均成为了校长的得力助手 有亲和力，经常到办公室与老师们交流。每日第一批到校门口迎接学生 学生的行为习惯、卫生习惯、学习习惯都很好 期末考试获全镇第一名。学生在很多活动中崭露头角，个性特长得到了挖掘
罗芳阳	严于律己，清正廉洁 工作能力不错，好强；带领老师去江声学习，请江声老师来指导，让教师成长不少 伏案工作检查要求严格，课堂巡查记载详细，对语文组的指导多 积极参与课题研究 每日早早迎接学生到来，放学和学生挥手再见
程化虹	后勤管理有方。食堂采取保本不赢利的方针。程主任每日查看菜的品质、价格，饭菜味道可口，老师、学生吃得很开心 校园环境卫生管理很好。带来了江声办学理念 善于征求意见，能迅速处理老师们提出的问题 每日迎接学生到来，放学与学生道别
师生意见	学校在家长和学生心中口碑好

水竹学校 汤颂校长	调研情况
“德”	廉洁自律。曾自己掏钱作为学校奖励基金 校长及行政人员均以身作则，行政人员执行力强，老师们工作状态比较好。全体行政工作起到了表率作用
“勤”	每天在学校各栋楼层各个班级巡查，不放过任何一个细节 常常下班后又到学校查看寄宿生情况
“能”	工作思路清晰，工作魄力在不断提升 在不断寻求中小学融合共通，打造城区优质公办学校 注重德育发展，关注学校德育工作的开展
“绩”	狠抓了教学工作，教学质量稳步提升 开展的五单式研究性学习，为更多的老师提供了外出学习平台，促进了教师专业的发展 教研氛围越来越浓厚。学生参加各种大型活动获奖层次高 后勤工作越来越细致 毕业优生突出增多 学校被评为“市优秀教职工之家”“县一中校长实名推荐示范学校”等 篮球作为学校的传统特色体育项目得以保持、发展
师生意见	是位负责、有发展意识的好校长

2020年12月30、31日和2021年元月6、7、13日，督导室根据学校党委新的要求制定了《融合合作学校工作调查表》《融合合作学校督导评价内容与结果》量表，邀请了办公室副主任谭海利，七、八年级教务主任汤石开、左伟力，九年级德育主任谭正茂老师，通过查看工作资料、与派驻学校校长及师生交流、开展问卷调查、查看师生课堂状态、查看校园校貌等方式，对江声融合合作的七所学校情况进行了督导。督导发现，通过近三年的江声融合合作办学，江声的办学理念、教育教学方式方法已经深入到各融合合作学校的师生及家长心目中，融合合作学校与江声学校的差距越来越小，融合合作学校师生的自豪感、幸福感越来越强，工作与学习的积极性越来越高，派驻的校长在工作方面越来越成熟与优秀，对均衡教育的追求更加执着。

花石中学督导情况报告

江声党委派驻校长莫国强针对学校情况，详细制定了德育、教育、后勤、安全卫生、食堂工作管理制度，花石中学面貌有了很大变化。具体内容如下：

学校管理特色

1. 学校工作氛围很和谐，行政人员、教师有主人翁精神，均能认真做好本职工作。

2. 各项管理制度齐全，资料分类细致、内容全面，并装订成书。

3. 开创了学校微信公众号，推送了学校各项活动动态。

4. 师生课堂状态好，青年教师学习积极，学生文明、有礼。

5. 校园呈现出了崭新的面貌：制作并摆放了宣传刊；地面干净、整洁，无卫生死角；校内车辆及物品摆放有序；公共厕所冲洗干净，无异味；学生寝室整理非常规范（被子呈方块状，生活用品成一条线摆放）。

教育教学工作

1. 教学工作计划具体，操作性强；教研教改活动方案、过程、结果清晰，总结全面有深度，并有建议及措施；成绩交流会有特色、有实效；学科竞赛结合了学校实情开展，有效地培养了学生兴趣。

2. 每月进行青年教师集中培训；教案日签；首度开展了初一、初二培优，初三一对一培优工作；对行为习惯较差的学生定期进行了励志教育；定期推门听课；多次开展外出学习交流活动。

3. 对安全制度进行了汇编，有心理健康教育方案、防疫工作方案、消防安全演练方案，有总结有记录。

4. 组织开展了合唱比赛、篮球赛、拔河比赛、家长会、家校合作等多项活动。

支教工作

1. 支教老师能按时上课，老师们听课都很积极，一般都有 5 名以上的老师听课。

2. 学生很喜欢支教老师，希望支教老师多来。

3. 支教老师的课起到了引领示范作用，带来了新的教学理念。例如吴学红老师能针对花石中学学生的特点，合理设计习题，并注重思维能力的培养。

手拉手活动

1. 与江声手拉手班级一起召开了主题班会，进行了才艺展示交流，开展了帮扶、捐赠活动，并对优秀学生进行了奖励。

2. 结对班级日常交流比较频繁，经常在微信上分享班级活动，分享了很多班管资源。

师生交流反馈

1. 老师们能严格遵守坐班纪律，例会纪律明显好转，会中无任何老师看手机。

2. 校风、学风大幅好转，学生学习越来越积极，在周边及家长中形成了良好的影响。

3. 食堂伙食荤素搭配，营养合理，除鱼、猪肉、鸡蛋外，还有牛肉、羊肉等。

意见及建议

学生很喜欢支教老师，但有的学生对支教老师不太熟悉，也不知道支教老师名字。建议支教老师多与学生互动。

2021 年 1 月 6 日

较场中学督导报告

江声党委派驻校长王镜芳引进江声先进的管理经验，给较场中学带去了新的面貌。具体内容如下：

学校管理特色

1. 行政人员团结、和谐，制定了学校各项管理制度并进行了落实。

2. 工作资料分政教、教务、总务、工会四个方面，分类细致，计划、总结齐全，记录翔实，封面统一采用了学校图片。

3. 每周校会课对学生进行思想教育。升旗仪式上的讲话针对了学生实际情况，主题深刻，具有时效性。

4. 一直坚持实行“三自”方针，即学生自我管理、自我教育、自主学习，“三自”观念深入人心。

5. 教师精神面貌好，学生文明、活泼，课间活动丰富。

教育教学工作

1. 教学工作安排具体，数据清晰，校本培训、校本教研、教师队伍建设有方案，过程落实到位。

2. 教学管理责任到人，目标明确，有措施、有动员、有总结。学生问卷调查分年级设计，有针对性。

3. 德育工作：制定了班会课、日常规检查表、寝室管理检查表、校园安全工作方案及预案、禁毒工作方案等，开设了家长学校，班级开展了安全、纪律、卫生流动红旗活动。毕业班学生分层召开了会议。班主任手册有特色，记录非常翔实。

4. 学生活动开展增多：举行了国庆诗歌朗诵比赛、元旦体操比赛、拔河比赛、心理健康教育活动等。

支教工作

1. 支教老师能按时到校上课，融合学校老师听课积极，每次听课约有 8 名左右老师。

2. 支教老师上课亲切又有活力，课堂生动，内容丰富。例如王新老师的语文课能紧抓考点，深入浅出，贴近学生，让老师们受益匪浅。

手拉手活动

1. C141 与江声 2028 班结对，开展了题为“携手同行，一路进发”的赠书、捐资、联谊等活动。

2. 江声刘争光老师是个非常好的班主任，总是耐心细致地和较场中学班主任沟通，促进两个班的共同成长。

后勤工作

1. 学校会议室得到了改善。

2. 加强了后勤管理，定期召开了食堂工作人员会议。

师生交流反馈

1. 王校长是一位办实事、肯吃苦的领导，能中肯地评价与热情对待每一位老师。

2. 学生有了更多的学习资源，使用《江声乐园》应用效果好。学生活动明显增多。

3. 老师们有了全新的工作套装，学生有了全新的校服，精神面貌都有了改变。

意见及建议

1. 加强空置的房间的卫生整理及寝室内务整理。

2. 建议校园内宣传刊及时更新。

2021 年 1 月 6 日

梅林桥中学督导报告

江声党委派驻校长罗芳阳到梅林中学就职后，对学校管理、教师培养、学校环境提升等各个方面进行了全面规划，且工作目标明确，措施得当。督导具体内容如下：

学校管理特色

1. 注重制度化管理：制定、完善了各项管理制度（如教师的培训、评价、考核、晋级职称等），坚持用制度管理教师队伍，注重公平公正，关系到教职工切身利益的事项，均通过教代会决策后开展。

2. 行政班子团结，执行力强，起到了带头、引领作用。

3. 每周公布“最美发现”，对本周做得好的人和事进行表彰。

4. 学校书香氛围浓厚，教师工作有热情，关爱学生，且积极听支教老师的课。

5. 设计了纠错本与阅读笔记本内容，准备带动全员阅读。

教育教学工作

1. 资料分类清晰，整理翔实，常规管理记载翔实，教师教研氛围浓厚，教学成绩清晰，分析细致，计划、总结有实效性、可操作性。

2. 采用激励机制唤醒教师工作热情。发动老师积极撰写论文，全体教师共有 12 篇论文获国家级一等奖，并在国家期刊发表；有 22 篇论文获省一等奖。

3. 师生课堂状态、课堂纪律很好。

4. 成立了国旗队，统一了国旗队服装，升旗有仪式感。

5. 开展了多项活动：组织了唱红歌比赛，师生同台接受革命传统教育；进行了硬笔字比赛、理科知识竞赛；组织了节约粮食、光盘行动的签字教育仪式等。

支教工作

1. 支教老师的课对乡村教师有很大的示范、引领作用，教学理念、组织材料、多媒体运用、课堂组织等方面都值得学习。

2. 老师们听支教课积极，一般没有课的老师都会去听课。

后勤管理工作

1. 添置了白板、校服、教师工作服、球台等；多渠道向社会募捐，为学校食堂添置了几十套餐桌，学生由站着吃饭变为坐着就餐。

2. 罗芳阳校长个人出资捐赠了一车花草，学校老师亲力亲为，在教学楼、食堂周边等各处进行栽种，美化了校园。

3. 校园、教师办公室、教室各处都很干净整洁。卫生工具摆放很整齐。

师生意见反馈

合作办学以来，罗校长为建设和发展学校采取的一系列新举措，让师生很受益。

意见及建议

建议尽量争取资金改造旱厕。

寝室卫生很好，如能关注内务整理则更佳。

2021 年 1 月 5 日

古塘桥中学督导报告

江声党委派驻校长艾正强结合学校实际，在沿袭古塘桥中学原有管理经验的同时，融入了新的管理理念，学校的管理进一步规范。具体情况如下：

学校管理特色

1. 行政人员团结，教师关系融洽。校园干净整洁，宣传刊布置美观。

2. 实施奖教奖学、树先进立榜样的举措，积极为教师谋福利，提高教师的工作积极性。

3. 注重班主任队伍建设，班主任工作扎实、细致，经常深入课堂查看学生上课情况。

4. 注重开展学生文体活动，组织了“你笑起来真好看”的校园韵律操比赛活动。

5. 注重学生品质、习惯的培养，经常分层分批召开学生会议。

教育教学工作

1. 在江声教研组的带动下，通过开展各种教研活动，参与“杏坛之星”赛课，听“江声杯”赛课，促进教师专业成长。

2. 日常教学中，通过合作办学各项活动的开展，如学生赴江声游学、手拉手活动、支教活动等，促进教育教学工作。

3. 加强了教研教改（如分教研组和江声建立了合作关系），开展了分层教学、培优教学等。

4. 注重学生身心健康发展及自主学习，取消了学生晚第 4 节自习课，优化了晚自习时间。

后勤管理工作

1. 食堂管理规范。食材新鲜，摆放整齐，餐具按要求消毒，菜品留样，餐桌椅、地面干净，桌面上贴有学生名字，固定了座位。

2. 解决了厕所排水问题。

支教工作

1. 支教老师能按时到校上课，融合学校老师积极听支教老师的课。

2. 老师们反映支教老师很优秀，例如周聪老师在七年级的数学教学中，结合学生实际开展教学，很受学生欢迎；张巧平老师能一堂课不用一句中文，能激励学生提高英语口语水平；周双辉老师的体育课对提高中考成绩有很大的帮助。

3. 融合学校教师反映支教老师的到来给学校师生注入了新的活力，感受到江声老师的博学、敬业，也弥补了融合学校在教学上的短板。

建议：支教老师多多指导融合学校教学。

手拉手活动

1. 七年级 C175、C176 与江声班级开展了联谊，开展了书本捐赠、爱心助学、家长课堂等活动。

2. 八年级 C172、C173 与手拉手班级一起到彭德怀故居参观学习，登山后开展了文具捐献、爱国卫生活动。

师生访谈反馈

1. 校风明显好转，教职工干劲更足了。

2. 学校文体活动增多，学生更活跃了。

3. 学生使用了《江声乐园》及江声提供的其他资料，让学生见识了很多题型，有效帮助学生提高解题能力。

意见及建议

1. 资料整理注意文本、格式的统一及规范化。

2. 建议班主任工作多留下痕迹。

2021 年 1 月 11 日

锦石中学督导报告

江声党委派驻校长刘金城一直践行江声理念，以身示范，在学校管理方面有目标、有规划、有追求，学校工作开展更加科学、规范。督导具体内容如下：

学校管理特色

1. 学校工作管理全面、细致（例如进校门的体温测量，防疫工作常抓不懈）。

2. 实行奖教奖学制度，提高了教师工作积极性。班主任、科任老师工作都很负责。

3. 成立了励志班，针对学生具体情况进行了帮扶，帮扶情况有详细记录。

4. 教研活动频繁，给老师提供了许多外出学习、交流的机会。教师积极参加学校活动（如艺术节活动）。

5. 资料分类细致，对每项工作都认真进行了记载。

教育教学工作

1. 教学计划齐全且严格审核，教学进度调研细致且基本按计划实施；伏案工作管理细致，经常抽查；对行政人员听课数量有硬性要求；问卷调查翔实，有评分细则表，便于操作；作业检查登记详细。

2. 德育资料翔实，德育活动开展多样化：开展了“锦中好少年”评选活动、经典诵读比赛、艺术节活动、体操比赛、研学活动、邀请心理健康专家来校讲座等活动。

3. 加强了校园文化建设，各班设置了图书角、班级名片，进行了教室“墙文化”建设。

4. 每日（包括早晚）都有行政人员进行课堂巡查。

支教工作

1. 学校行政及本科目老师都参与听支教老师的课。

2. 学校老师认为支教老师的课有水平，准备充足，值得他们学习。

建议：支教老师与融合学校老师进行更多的交流。

手拉手活动

1. 与江声结对班级开展了联谊活动，如才艺展示、篮球友谊赛、互赠文具礼品、师生交流、捐助活动等。

2. 手拉手活动增进了两校学生的友谊，促进了相互学习、相互了解，使融合学校的班级管理工作得到了进一步提升。

师生访谈反馈

1. 合作办学后，教师工作更努力，积极性更高，学生更加阳光、开朗、上进。

2. 校园文明礼仪、环境卫生焕然一新。

意见及建议：

建议加强寝室整理及卫生打扫的管理。

2021 年 1 月 12 日

严冲中学督导报告

江声党委派驻校长刘镔管理关注细节，教育教学工作指导方法有效，在学校教师中有很好的影响力。督导具体内容如下：

学校管理特色

1. 学校氛围好，行政人员、教师之间非常团结、和谐，有向心力。

2. 教育教学管理工作注意“细节”，并注重落实：刘校长主动向江声多科科任老师学习教学方法，然后分享给严冲中学青年教师，指导他们教学。另外，刘校长还亲自指导青年教师如何备课，安排早读内容、时间，要求学生大声朗读以达到早读的效果等，真正起到了引领示范作用。

3. 注重教师对教材的钻研，让教师大胆进行教改。

4. 随时随地进行思想引导与渗透，充分调动教师工作积极性，鼓励年轻人，开导老教师，在稳定教师队伍方面起到了很好的作用。

5. 德育特色：寝室管理好，学生物品摆放整齐，地面干净；食堂、校园、教师办公室干净整洁，卫生好。

湘潭县足球比赛中，获乡镇学校男子组第一名、女子组第二名；艺体运动会、家长会、留守儿童家访等活动都有照片记录。

教育教学工作

1. 积极组织教师学习，在听江声教师示范课后，教研组长带头上示范课，组员认真学习后再上公开课。

2. 开展了培优补基工作。

3. 教室、寝室、办公室、校园环境卫生每周由全体行政人员进行一次检查，并评定等第，实施奖励；寝室内务整理要求物品摆放成一条线等。

4. 安排、组织教师进行家访，及时解决学生中出现的问题。

支教工作

1. 支教老师能按时上课，课堂善于引领学生自己发现问题，寻找答案，而不是直接给出答案。

2. 融合学校老师听课积极，一般有 7~8 名老师听课。

手拉手活动

1. 全校师生去江声参观学习。

2. 进行了班级结对活动，手拉手班级给孩子们带来了崭新的文具及体育器材，还送上了助学金。

3. 融合学校与江声班主任老师联系密切，为手拉手活动出谋划策，积极交流班级管理经验。

师生访谈反馈

1. 刘校长个人魅力足，深受学校师生认可。

2. 课堂互动增多，学生学习状态积极向上，进步明显。

3. 师生添置了统一的制服，全体师生的精神面貌焕然一新；学生使用了《江声乐园》及江声提供的其他资料，让学生获得了更多的练习机会。

4. 教师外出学习的机会增多，“杏坛之星”赛课也得到了江声老师的指导。

意见及建议

1. 建议教师关于支教课程可多与严冲学校教师沟通衔接，避免跳章节上课。

2. 注意教工小厕所卫生。

2021 年 1 月 11 日

天易水竹学校督导报告

通过三年的合作办学，水竹学校管理机构建全，师资队伍建设、教科研水平、教学质量明显提升，合作办学成效显著。督导具体内容如下：

学校管理方面

1. 推进精细化管理，从学校层面、教育教学层面、年级部层面等构建了完善的管理体系，行政人员职责、分工明确，工作执行力强，有责任心。

2. 注重课堂教学管理。小学部采取了“年级组长 + 行政”组合，开展了对早自习、课堂纪律的巡查活动。学校行政领导和骨干教师组成听课小组，经常深入课堂听课，本学期校长和教导主任听课都在30节以上。

中学部围绕教育教学“五环节”（备、上、作、辅、测）对教育教学工作实施精细管理。认真组织学生竞赛及其他兴趣才艺活动，提升学生音体美劳等综合实践素养。

3. 成立了教学、德育研究中心，加强了九年一贯制学校教学、德育的研究及管理工作。

4. 校园文化建设有特色，每个年级都有不同的文化主题。校园干净整洁，学生寝室地面干净，物品摆放整齐，卫生状况上了一个台阶。学校获得了“市文明校园”“市书香校园”的荣誉称号。

5. 2020年度连续第三年承办“国培计划”“送教下乡”培训活动，同时连续两年承办镇县“杏坛之星”系列比赛，共计接待人数1500余人次。

教育教学方面

1. 教学质量明显提升。中考成绩突出、优生突出。

2. 积极开展教科研工作：初步建立“五单式”校本研修模式，并将阶段性成果汇编成册。举办了“水竹杯”赛课，聘请江声的名师担任评委；进行了师徒结对，深入开展了“青蓝工程”等。

学校20人参加县“杏坛之星”赛课，18人获县一等奖，2人获二等奖。4个课题顺利结题，其中1个国家级、2个省级、1个市级课题，学校被评为省协会课题“先进会员单位”。

3. 德育工作形式多样：加强了班主任培训工作，分上下期对班主任进行考核；抓常规德育教育，促进学生良好习惯的养成。

开展了金霞山捡白色垃圾、体操比赛、主题班会（如垃圾分类、节粮节水节电宣传等主题切合实际）、召开家长会、元旦文艺汇演、向上少年评选、心理团辅活动、感恩母亲等德育活动；利用广播站进行了德育主题教育，尤其是小学部的周广播会主题有特色。其中“最美水竹共青团路”志愿者坚持站岗值勤，受到了团县、市委的表扬。

手拉手活动

1. 九年级C1802、C1804学生到江声跟班学习。七、八年级13个班与江声开展了篮球赛、拔河赛、才艺表演、赠书等联谊活动。

2. 有29位班主任在初中部德育处带领下前往江声参加结对交流活动，实现互学互促。

师生访谈反馈

1. 教研组、备课组活动与江声中学深度融合。

2. 学校老师工作非常负责，很多老师经常加班加点制作课件，对学生也很好，有亲和力；学生认为教学资源与名校没有差别，他们是花最少的钱享受最优质的资源。

3. 食堂饭菜适合学生口味，非常受学生欢迎。

意见及建议

1. 资料整理可以更精致些。

2. 建议可根据教育局要求，利用托管时间开展丰富多彩的文体活动。

2021 年 1 月 14 日

第五章
融合有方

对于与湘潭江声实验学校融合合作办学的每一所学校，江声党委都是精心部署，严格要求，他们的每一项计划、每一个活动方案、每一份总结、每一张调研表格都是集集体智慧完成。正因为如此，江声融合合作学校才得以完成使命，给促进均衡教育办学模式留下可供参考的方式方法。

学生学习、生活情况问卷调查

年级：________　　班级：________

1. 你每天都能独立完成老师布置的作业吗？（　　）

A. 完全可以　B. 基本可以　C. 很难全部完成

2. 你们班布置的作业量过多导致难以完成的科目有哪些？

请具体说明：________________________

3. 你和本班本寝室的同学相处的感觉是（　　）

A. 同学之间关系处理较好　　B. 一般

4. 你觉得在学校学习、生活愉快吗？（　　）

A. 很愉快　　B. 比较愉快　　C. 一般

5. 你觉得食堂伙食、卫生怎么样？食堂员工的态度如何（　　）

A . 好　　B. 较好　　C. 一般

6. 你看到过哪些校园欺凌行为？可多选。（　　）

A. 言语恐吓　B. 辱骂讥讽　C. 故意孤立　D. 勒索

E. 殴打　　F. 没有发现

7. 如果你看到别人被欺凌，你会选择？可多选（　　）

A. 附和欺凌　B. 作旁观者　C. 安慰和帮助被欺负的

D 报告班主任和学校　E 保持沉默

8. 你对学校教师为人师表、关爱学生、教书育人、敬业爱岗等方面的整体评价是（　　）

A. 很满意　　B. 满意　　C. 一般

9. 班主任和老师是否有比较严重的体罚或变相体罚的行为？如果有，请举例说明____。

10. 你对学校的教育教学管理、教育教学质量是否满意？（　　）

A. 很满意　　B. 满意　　C. 一般

融合合作学校校长工作调研

德方面

1. 校长在廉洁自律方面做得怎样？

2. 校长及行政班子能否以身作则？行政人员执行力、老师们的工作状态如何？领导班子工作是否起到了表率作用？

3. 校长让你感动的事有哪些？

4. 校长与老师、学生交流的工作怎样？

5. 学校老师及学生对校长的看法如何？

勤方面

校长工作勤勉度如何？

能方面

1. 校长的工作思路、工作魄力怎样？

2. 在你校采取了哪些有效的工作措施？你的看法如何？

3. 德育及学生发展方面的举措：

4. 教师发展及教学教研的举措：

5. 后勤及食堂工作的举措：

绩方面

1. 学校的德育、教育、后勤工作等有哪些明显进步？

2. 取得了哪些成绩（学校方面、学生方面）？

湘潭江声实验学校 督导室

2020 年 7 月

融合合作学校工作调查表

学校方面

1. 合作办学在德育管理、教学教研管理等方面有哪些新举措？

2. 合作办学后产生了哪些新变化？

____

____

支教工作方面

1. 你知道你校有哪几科老师在支教？

____

2. 这些老师是否都能按时到校上课？

____

3. 支教老师的教学理念和形式是否起到了引领作用？试举例。

____

4. 学校老师是否积极听支教老师的课？一般有几名老师听课？

____

5. 学校师生对支教老师的评价和建议是：

____

手拉手活动方面

1. 江声与手拉手班级开展了一些什么活动？

____

2. 手拉手对应班主任之间交流的情况怎样？

____

湘潭江声实验学校 督导室

2020 年 11 月

河口中学提升行动计划（2019 年 8 月—2020 年 7 月）

一、学校基本情况分析

河口中学始建于 1956 年，毗邻易俗河城区，区位优势明显。学校占地 60 亩，建筑面积 7258 平方米，有配套的党建室、工会活动室、会议室、实验室、电脑室、多媒体室、留守儿童室。数字化校园网络全覆盖，现代化的教学设施齐备。学校是湘潭市文明单位，是首批省义务教育合格校，是一所在全县“有作为、有地位”的农村初级中学。

学校坚持以“注重人的发展，培养发展的人”为办学方向，以“塑造精神启发兴趣”为办学理念；以“向善向上，求知求真”为校训；以“活泼、奋进、谦虚、踏实”为校风；以“厚积、有恒、深思、专注”为教风；以“乐学善思，自律笃行”为学风，致力培养“学会做人、学会生活、学会学习、学会健体、学会审美、学会创新”的全面发展的优秀青少年为育人目标。

学校师资力量雄厚，名师荟萃。现有专任教师 30 人，其中高级教师 3 人，中级教师 26 人。校长唐毅是市级“优秀德育工作者”；副校长曾利强为县“优秀教务工作管理者”；副校长罗尧是县级“优秀德育工作者”；唐碧霞老师是湘潭市初中语文骨干教师，被评为“莲乡园丁”；有冯佳等 5 位教师被评为市、县级优秀班主任；有唐岸峰等 3 位教师被评为县“杏坛之星”光荣称号；有李新如等 10 位教师被评为市、县级优秀教师，教师有近百篇教育教学论文荣获省、市、县级奖励；辅导学生参加县级以上赛事获奖者近百人。

学校全面实施素质教育。学校综合成绩已跃居全镇第一，充分利用青少年宫、足球基地校平台，成立书法、美术、音乐、舞蹈等 12 个社团，有力地推动了艺、体、美教育的发展，各种社团在全县组织的大型赛事中均取得了喜人成绩：足球队在校园足球赛中荣获第一名，田径队、女子篮球队分别进入八强，舞蹈队多次荣获一等奖。学生在青少年才艺赛、创新赛、艺术百佳评选中有 100 多人获奖。书香校园创建工作有序推进，经典诵读课进入学校课表，经典诵读活动异彩纷呈，读国学、诵经典风靡全校，国学教育正成为学校发展的一张名片，学校的特色教育卓有成效。

二、发展瓶颈、短板及提升重点

1. 难以逆转的学生流失。

因农民外出打工、农村家庭经济改善、农村人城市购房居住、城乡教育差距等原因，不少农家子弟外出就读趋势日盛，不可遏制。导致生源流失，尤其是优质生源流失严重。

2. 学校某些管理模式亟待改革。

改革之一：用金钱杠杆撬动教师工作积极性。改革之二：减轻师生负担。

3. 加强师德建设，提升师德水平。

有的老师理想追求缺失，工作中动力不足，缺乏热情和责任，对待学生缺少必要的恒心、耐心、爱心。

4. 提升教师科研积极性和水平。

5. 加强学校制度建设和校园文化建设。

三、提升举措

1. 加强学校管理，提升学校品质。

一是建设特色校园文化。统一部署，整体优化，进一步发挥校园文化的教育作用，打造具有河中特色的校园文化品牌。二是更新管理理念。向江声看齐，请专家问诊，有计划地委派老师或行政人员到名校参观学习或跟岗实践，实现学校管理的精细化、科学化和效率化，提升学校管理水平。三是加大与江声实验学校教学交流的力度。组织学校教师向江声教师学习，同时邀请江声的教师来我校指导，加强教研组的学习交流，齐头并进，勠力同心，共同助力基础教育的发展。四是进一步扩大学校的影响力。加强外界联系，进一步加大学校与各级政府、校友、家长的密切交流，凝聚各方力量，支持学校发展。

2. 加强师德师风建设，提升师德水平。

一是开展签订师德责任状、教师在国旗下宣誓、师德承诺上墙等活动，自觉接受社会和广大家长、学生的监督。设立师德意见箱，面向社会广泛征求意见。二是以表彰先进为契机，利用校报、校园广播、橱窗、网络等校园舆论阵地，集中宣传模范教师先进事迹，充分发挥名师的宣传示范作用，展示当代教师的精神风貌。三是制订科学合理的评价细则，评价结果与年度评优评先及晋级挂钩，凡师德考核不合格者将依据学校的有关规定严肃处理，并视情节轻重在学校通报，实行一票否决。

3. 加强教师培训，提升教师的专业素养及业务水平。

一是加强班主任队伍培训，提高管理水平。通过校本培训、班主任例会、外出学习观摩等多种方式，全面开展对班主任的培训工作。学校针对班主任工作中的实际问题，以加强班主任工作基本规范、班级管理、未成年人思想道德教育、学生心理健康教育、安全教育等专题培训为内容，不断增强班主任教师的专业素养和教书育人的本领。二是积极创造和提供外出培训机会，促进教师专业化成长。学校以青年教师为重点，鼓励教师们通过参加公开课、赛课、评课、到外校观摩课、外出培训、各级各类比赛、课题研究等多种形式更新教师教学理念，提升课堂教学水平，全面促进教师的专业化成长。三是更好地“请进来”，请江声实验学校的名师来校讲学，学习名校的教育理念，促进教师的专业成长。

4. 创新德育工作方式，提高德育工作实效。

一是细化德育重点。在学校管理中处处渗透德育，实行精细化管理，将学生的行为习惯和品德人格的培养落到实处，做到细处，积极构建一种良好的育人环境和育人氛围，达到一种“润物于无声，育人于无形”的德育效果。二是加强班级和寝室文化建设。开展“一班一品牌”班级文化和寝室文化建设，努力增强集体凝聚力与责任感，形成和谐的家园氛围，让学生爱班、爱校，并受良好教育环境的熏陶。三是加强家校合作，创新合作模式，实现“家校和谐共长”。四是创新班级、班主任、学生的评价方式。首先创新班级评价体系。改变用“一套考核标准”来评价全校所有班级的评价体系，自上而下建立班级个性发展目标评价机制，注重过程评价，承认班级客观存在的差异性，建立激励性评价方案，鼓励班级个性发展。其次创新班主任评价体系。以定量考核为主，定性考核相辅，多措并举创新班主任考核评价制度。注重班主任的过程性评价，更好地发挥班主任评价的导向作用，促进班主任的主动发展。最后创新学生评价体系。坚持差异性原则，注重学生的个性发展，打破唯考试分数评价学生的方式，完善“河口中学学生综合评价”体系。增加过程评价，让学生成为教育评价的积极参与者，并通过学生的自我评价发展学生的评价能力。五是加强对学生进行自我保护和心理健康教育。利用广播会的形式进行安全纪律教育，强调安全事项，不断强化学生安全意识，组织学习安全知识，提高学生遇险自救的能力。定期组织心理健康知识讲座并观看“心理健康知识讲座”教育片，促进学生健康心理的形成。六是注重活动的多样化。积极开展形式多样的课外活动、社会实践活动，充分搭建学生成长的舞台，促进学生的多元化发展。

5. 积极推进教科研工作，提升教学质量。

一是严格按照国家课程标准开齐开足课程。

二是坚持常规教学制度，搞好常规教学工作。

（1）认真搞好备课、上课、作业、辅导、考试、反思等环节。认真备好每一节课，坚决杜绝无教案上课、无准备上课的不负责行为；认真落实课堂教学要求，进一步规范教学行为，做到课堂教学有序，既教书又育人，积极指导学生的学习方法，调动学生的学习积极性，建立良好的、融洽的师生关系，积极引导学生思维，培养动脑、动手能力和自主学习、合作学习和探究学习的方法，用新的教学理念和方法驾驭课堂，努力提高教育教学质量；合理布置、认真批改作业，按要求完成学生作业的布置与批改并及时反馈教学中的问题；端正考风考纪。认真组织好学生平时测验、期末考试以及各级各类考试；平时加强对基础较差、功底薄的学生辅导，弥补课堂教学中的不足；教师做到上课不迟到、不早退，不随意调课，杜绝无故缺课现象，认真履行请假手续，确保教学秩序正常进行。

（2）加强教学管理与督查。重在过程管理，教学管理与督查工作需落到实处，需精细化。坚持周查月检和行政查堂制度，落实检查结果，一定将结果与教师奖惩挂钩，坚决杜绝过去流于形式的检查。加强学情调查：通过问卷、座谈等形式，加强对教师整个教学过程的了解，以对教师平时教学行为做出较为客观的评价。

（3）积极推进新课程改革。教师要不断更新课堂教学理念，探索并采用符合教学规律的科学有效的教学模式和方法，坚决杜绝“满堂灌”“白加黑”等原始简单的教学模式和方法，追求有味的、高效的课堂。

（4）加强教学研讨。全体教师应积极投入到教研活动中去，本学期人人上教研课。骨干教师应发挥示范教研作用，带动其他教师开展教研教改，帮助提高教学水平。教研课不能流于形式，要发现问题，解决问题，研出方法，研出成效，使教师真正受益。本学期开展校内教学比武和参加好中心校组织的教研活动，选拔好赴县赛课选手。

（5）鼓励倡导课题研究。课题研究是提升学校教科研内涵的重要抓手，要关注课题研究的全过程，贵在行动与落实，重在管理与指导，努力营造浓厚的教科研氛围。

（6）切实把好教学质量关。高度重视毕业班教学质量。对毕业班予以师资、时间、设施、环境、管理、服务等方面的倾斜与保障。认真扎实召开好毕业班教师会和家长会，加强与江声实验学校的校际交流。

6. 完善办学条件，提升硬件水平。

一是提质改造运动场；二是旱厕改造。

河口中学
2019 年 8 月 30 日

花石中学 2019—2020 年度提升行动计划

一、基本情况

花石中学坐落在罗汉山下，涓水河边，创建于 1964 年，属于乡镇初级中学，是湘潭县校本教研先进单位，湘潭县一中“优质生源基地”，湘潭市现代教育技术实验学校，湖南省合格学校。近年来，在各级领导的关心支持下，我校硬件建设有大的改善：新建了学生公寓、学生餐厅、厕所；硬化了新操场、停车场；绿化了校园环境，新装了太阳能路灯；配备了白板教室、实验室等专用教室，安装了 55 个监控，现代化设备和学校建设日趋完善。

二、办学情况

（一）学生情况

学校现有 14 个教学班，学生 678 人，其中七年级 190 人，八年级 240 人，九年级 248 人；学校寄宿生 642 人。

（二）教师队伍建设

教职工 63 人，其中高级教师 10 人，中级教师 32 人；硕士毕业生 1 人，本科学历 53 人，专任教师 62 名。

教师职称结构：初级职称比例 22 %，中级职称比例 57.4 %，高级职称比例 12.96 %。未定职级 8 人。

年龄结构：30 岁以下比例 14.28 %，31~50 岁以下比例 66.67 %，50 岁以上比例 19.04 %。平均年龄 40.6 岁。

（三）校园校舍

1. 学校占地面积 13006 平方米，生均 19 平方米；校舍面积 10516 平方米，生均 15.51 平方米。

2. 体育活动用地：学校现有篮球场 3 个，器械运动场地 1 个，1 个 250 米环形跑道田径场。中学体育运动场地面积 3880 平方米。

（四）学校功能室及仪器设备配备

1. 教学仪器设备值 971630 元，生均 1270 元。

2. 物理实验室 1 个，生物化学实验室 1 个，音乐教室 1 个，体育器材室 1 个，美术室 1 个，语音室 1 个，舞蹈室 1 个。

3. 学校图书室藏书 27010 册，生均 39 册。

4. 学校有计算机 37 台，总价 141650 元。计算机教室 1 个。

（五）生活服务设施

学校共 14 个班级，每班都配有桶装水，保证班级学生的日常饮用。厨房有专门的热水供应，保证学生的日常洗澡、洗衣等生活所需。此外，每个学生宿舍都设有水龙头，方便学生早晚洗漱等用水。总体来说，学校的饮水设施配备齐全，能满足学生日常所需用水。

食堂设施完善，有独立操作间、储藏间、冰柜等。学校于 2015 年新建餐厅 1 个，设有餐桌，数量共计 110 桌。可满足全体学生的日常就餐。

我校是一所农村寄宿制学校，学校配备有专门的学生宿舍。我校 2012 年至今按上级标准新建两栋公寓楼（男生、女生各一栋）。

学校配备 2 名安保人员，实行 24 小时值班制；安装有校园电子监控设施，安全保障体系健全。几年来全校无重大安全事故发生。

学校配备专职生活老师 1 人。

（六）校园环境与安全

1. 学校制定了《门卫管理制度》《安全工作保卫制度》《寄宿生管理制度》《食品卫生制度》《实验室制度》等多项制度。学校实行分级管理，学校分别与班主任、任课教师及其他岗位负责人签订一岗双责责任书，实行创建工作评先树优一票否决制和领导责任追究制。同时成立突发事件应急小组，制定突发事件预警机制，应对可能发生的突发事件。

2 . 学校安全工作领导小组经常定期与不定期地进行安全检查，后勤处每月对校园校舍内的安全隐患进行一次彻底排查，摸清学校可能存在的安全隐患和潜在的矛盾，发现问题，及时解决。每位教职工随时发现安全方面的隐患或问题，随时呈报，杜绝一切安全隐患。

3. 学校走读生每天有“迎进送出行政值日”轮流，周一到周五从晨自习到晚就寝有当日的值日行政负全责，班主任班级管理履行一岗双责，各部门负责人履行一岗多责，配合派出所对校园周围环境进行综合治理；邀请法制副校长来校作报告，形成合力，齐抓共管。

4. 每天安排好值勤工作，课间在楼道及校园主要位置都设有老师值勤，教师定点定岗；加强夜间值班制度，保障校产的安全。学校安装了55个摄像头，对整个校园进行监控，确保无死角；节假日、寒暑假安排行政班子值班。

5. 重视消防工作，教学楼安排好了消防通道，配置了灭火器，学校的消防栓和灭火器数量基本达到要求。认真开展安全预防演练，特别是逃生演练，每学期都要进行实地演练多次，每个教师和学生必须明确要求与路线，分工负责，责任到人，确保演练取得成效，提高学生的自我救护能力。通过演练，全校师生从拉警报到安全抵达疏散指定区域用时2分38秒。

6. 认真做好食堂管理工作，从采购到操作，从食品留样到废弃饭菜的处理都有明确纪律和要求，使学生每天每餐都能正常吃上营养饭菜。

三、学校特色与亮点

学校全面深入贯彻党的教育方针，秉承“让孩子健康成长、让孩子终身幸福”的教育理念，遵循教育教学规律、学生认知规律和人才成长规律，从小事做起，从细节抓起，教育教学质量稳步上升，连续三年荣获“县一中优质生源基地”。适龄少年入学率达100%，巩固率98%，学生体质健康达标率99%。

我们学校加强了校园文化建设，装饰了校园文化墙，确立了校风训词（诚信、拼搏、励志、创新），谱写了校歌《花中——我们的母校》，办了文化宣传墙报，各班级开辟了学习园地，完善了相关的标牌。通过以上一些措施，创造了良好的活动氛围。

学校2012年申请了乡村学校少年宫项目，加大了设施设备的修缮、添置投入，用于少年宫“七室一场”的建设和发展；购置了少年宫活动器材，用于少年宫开展活动；有多媒体教室1间，用于各种活动教育教学；电脑教室重新装配，用于少年宫现代信息技术教育；还有音乐室、舞蹈室、书法美术室等等。开设了音乐、舞蹈、书法、棋艺、乒乓球、篮球、劳技、美术等八个活动项目。做到了每个学科、项目活动都有一名教师或辅导员全面负责、督促、指导，使得少年宫活动逐步规范化、学科化，正在努力实现活动过程最优化、有效化。

2016年学校垃圾分类处理及回收由于措施得力赢得了县局、镇政府、社会、家庭的良好赞誉，并被湘潭县电视台报道。

特色教育成绩突出。2019年下学期，我校舞蹈队表演的节目“那山、那水、那人”在“欢乐潇湘，大美湘潭”第十七届中小学生艺术节上获得一等奖；男子篮球队在第十届中小学生篮球赛中获得初中男子组第二名的创历史好成绩。

四、合作办学提升举措

1.“手拉手”走进江声校园，发展好学生。以中小学生核心素养为主旨，以培养人的终生发展为目标，引导乡村学生逐步树立人生职业生涯初步规划。

2. 与江声教师结对，发展好老师。

（1）通过“走出去，请进来”，与江声教师结对，相互学习交流，不断提升我校老师专业素养，建设好教师队伍。

（2）开展校本研修，建设好教师团队。针对乡村学校教育现状，开展乡村中学全面提高教学质量校本研修，有的放矢解决教学中的实际困难，如学生只有“二流”“三流”基础现状，怎样提高教学质量，保证合格率、普高上线率等。积累经验，不断丰富，力争一年初见成效，两年小见成效，三年大见成效，并将经验总结提升为可以复制、可以实际操作的理论。

（3）开展多种形式的交流分享会、读书会、座谈会，将老师们一线宝贵的经验互相交流，彼此成就，从而提高整个团队的实践工作能力。要求老教师积极带头，把花石中学的好传统、好经验传承下去。

（4）做好青年教师传帮带。青年教师上好亮相课、汇报课。安排青年教师拜师学艺，帮助青年教师尽快成长。

3. 文化引领，发展好学校。湘潭是湖湘文化的发源地之一，以湖湘文化为背景，教育学生。我们以“湖湘特色，精英气质”为教学理念，以“全面发展，人文见长”为教学目标，以“创新求真”为教风，“厚德精业”为校风，发展我们的学校。扎根湖湘文化，培养敢为人先、经世致用、知行合一的接班人。

4. 开放教学，发展好家长。定期召开家长会，多渠道与家长联系沟通，让家长知道我们做了些什么，为什么这么做，家长应该做什么，家长应该怎么做，怎样与学校、与老师配合教育孩子等等，都要让家长清楚。只有家长发展好了，学校教育才能真正深入学生心中。

学校教育以发展人、培养人为中心，所有的工作都围绕这个中心而展开，让我们每一位乡村教师都成为学生的领路人。

花石中学

2019 年 9 月 6 日

2019—2020 年度湘潭县锦石中学提升行动计划

为加快推进我校教育教学质量和办学品质提升，根据《中共湘潭县委湘潭县人民政府关于建设教育强县的实施意见》和《湘潭县改革办学模式 促进教育均衡发展实施方案》的要求，结合两校实际情况，制定本计划。

一、指导思想

以习近平新时代中国特色社会主义思想为指导，深入贯彻党的十九大精神，以江声学校与我校合作办学为契机，努力加强锦石中学师德师风建设，提高教师教育教学能力，促进教师的专业化发展，进一步提升办学品质和教育教学质量，满足人民群众对优质教育的需求，为县域教育事业的发展做出共同努力！

二、工作目标

以促进公平、提升质量为目标，按照“请进来，走出去”的方式，遵循“精准合作帮扶”的原则，通过一年时间的努力，以江声学校先进教育理念和管理模式，促进锦石中学教育理念更新，提升全校师资整体水平，实现校际优质教育资源的共享。

三、学校基本情况分析

湘潭县锦石中学始建于 20 世纪 60 年代初，位于锦石乡政治、经济文化中心——东风街，是一所全日制公办初级中学。学校占地面积 2 万多平方米，建筑面积 17000 余平方米。学校现有教职员工 52 人，教学班 16 个，其中小学部五、六年级 4 个班，学生 770 余人，近几年，教育教学质量显著提高。

学校谨循“团结、拼搏、创新、奋进”的校训，坚持以“立德树人”为办学宗旨，实施精致管理，全力打造品牌校园。

提升重点：

（一）学校管理

1. 进一步建设和完善制度，促进教师工作的积极性。

2. 创新管理途径，提升管理效能（德育和教学，以及后勤保障）。

（二）队伍建设

加强师德师风建设，提高教师工作的积极性；促进教师专业发展，提升教师职业幸福感。

（三）校园环境

1. 教学环境提升：校舍、厕所、寝室、操坪的维修或翻新；电子白板教室建设；课桌椅更新；体育运动器材置换；校园文化墙（含宣传栏）建设。

2. 生活条件提升：教师工作服、学生校服的添置；食堂管理。

3. 人文环境提升：教师的形象气质、学生的文明程度。

（四）学生综合素养

1. 学生行为习惯、文明礼仪程度的提升。

2. 学生兴趣爱好和个性特长的培养。

3. 优秀学生的培养。

（五）班级文化建设

班级文化建设刚刚起步，正在摸索。

五、提升举措

（一）学校管理

1. 制度：完善教师和学生的评价制度、奖励制度、出勤制度、教师年度考核制度等；实施量化管理与人性管理相结合。

2. 途径：通过与江声教师进行学习交流、参观，将江声先进的管理理念和优质的资源进行共享。提高奖学奖教力度，提升教师工作积极性。

（二）队伍建设

1. 定期开展教师师德师风建设活动，提升教师自身的职业认同感，调动教师教学积极性。

2. 通过“请进来，走出去”的方式，以及内部研讨的形式，邀请江声教学名师赴锦石中学进行支教活动，提升教师的专业发展，提升教师职业幸福感。

3. 人文素养和人文关怀的提升。

（三）校园环境

1. 教学环境提升：

（1）教学楼内外墙、教室地面维修，教师学生护眼灯工程——向教育局申报。

（2）厕所改建（旱厕改水厕）——已报教育局。

（3）中栋宿舍维修工程——教育局。

（4）前操坪油化工程——学校。

（5）3 间电子白板教室的建设——报教育局审批。

（6）课桌椅更新——教育局 380 套。

（7）校园文化（含宣传栏）建设。

（8）学校厨房改造工程。

2. 生活条件提升：申请江声负责教师工作服、学生校服的添置。

3. 人文环境提升：教师和学生的研学培训。

（四）学生综合素养

1. 学生行为习惯、文明礼仪程度的提升——学习制度，赴江声实地参观和感受。

2. 学生兴趣爱好和个性特长的培养——开展丰富多彩的文体活动。

3. 优秀学生的培养——提升教师教学水平和能力；实行分层走班教学；2020 年上学期，抽调九年级学生到江声进行交换生学习。

（五）班级文化建设

1. 通过学习交流，先形成班级的环境文化和制度文化，通过各种活动为载体渗透文化内涵。

2. 外化于行，内化于心，每个师生心中都要熟悉自己班级的文化。

锦石中学

2019 年 9 月 5 日

2020年上学期河口中学工作总结

一个学期来，河口中学借助合作办学的契机，在上级领导的高度重视和关怀下，在全体河中人的共同努力下，各方面工作取得了很好的成绩，现总结汇报如下：

一、筹措资金，改善办学条件

河口中学充分借力与湘潭江声实验学校合作办学的力量，在县教育局和中心校领导的大力支持下不断改善办学条件。

1. 更新课桌椅100套；
2. 改造教学楼、综合楼、教师公寓，改造资金150多万元；
3. 江声实验学校为河中每位教师添置工作服一套；
4. 江声实验学校为每位河中学生赠送秋季校服1套；
5. 更换食堂餐桌，就餐环境改善；
6. 教室已全部实现电子白板教学；
7. 寝室与宿舍全部安装了空调；
8. 建设风雨走廊。

二、合作办学，优质资源共享

1. 行政人员和教研组长在带领队伍上有了更多的想法和思路，且都能以身作则，以身示范，学校教风越来越好。

2. 深度合作，江声每周派各科老师来河口中学上课，为河口中学带来江声先进的教育教学理念，让老师们见识不一样的课堂，让学生感受不一样的教育。各科教师还积极与支教老师交流，探讨教育教学上的问题，不断更新理念，吸收新的知识。本学期末，美术优秀教师邓丽送教课堂美术作品展览，影响非凡，在两大主流媒体进行了报道。

3. 各科教师与江声各教研组进行对接，面对面地进行交流，互相促进。河口中学的各教研组会议、班主任培训会议时间与江声中学的时间同步，形式也相同，江声有大型讲座，直接参加。加大了教师的培训力度，为教师的专业成长打下坚实基础。

4. 江声各科资料与河口中学共享。江声为河口中学的每一位学生配齐了《江声乐园》。

5. 组织江声学校与河口中学手拉手校园体验活动。2019 年 11 月 27 日，河口中学全体师生到湘潭江声实验学校体验一天，走进江声课堂，近距离感受江声优质教育，激发师生工作、学习的热情。

2019 年中考：河口中学获教务工作先进单位、教育教学质量综合评价学校系列一等奖、优秀率及优胜入学率一等奖、普高上线率一等奖、职高招生工作先进单位二等奖，让老师和学生的眼光不再局限于自己的小圈子，向教育教学要质量。

三、综合督导，学校管理提升

6 月 16 日接受江声何立军校长率领江声学校督导室对河中的管理及教育教学工作进行全面督查与指导。

1. 常规工作

各部门工作开展有条理，行政人员身体力行，处室之间非常和谐、团结，工作执行力高，老师爱校，学生感恩。召开了毕业班的教师会、教研组长会、教研组会、评课议课会等。组织了系列教学活动：九年级的复习课，任课老师每人上一节，然后一起讨论；开展了语、数、外基础知识竞赛；组织了模拟考试；进行了语文省级课题研究活动。组织的德育活动：开展了防疫教育、安全教育、爱国教育、防溺水教育、国防征文、手抄报、疏散演练等德育活动。个别班级开展了主题班会，有突出的主题，招生方面每周派行政人员下小学了解情况，对全乡镇学生人数、流向等进行了摸底。

2. 工作亮点

按上级的要求，国旗下的讲话以省教育厅统一录制的国旗下讲话系列内容进行，开展了 13 期，效果好，教育性强。进行了校园文化建设，修订了文化墙，增加了“向上、向善、求真、求知”的校训以及“祖国在我心中”的寄语，学校文化氛围浓厚。校园各处无卫生死角，环境好；寝室卫生及整理特别到位，走廊及寝室地面一尘不染，无任何杂物，被子、生活用品折叠、摆放整齐，尤其男生便盆刷洗得洁白如新。食堂安装了新桌椅、纱窗门，每一个学生都固定了座位并贴了名字标识，食堂里没有看见一只苍蝇。行政班子每周一第一、二节课开会，对上周工作进行总结，对本周工作进行安排。并整合各部门的计划，制定本周工作重点，并进行公示，让全校师生了解、监督学校每周的工作。严格执行疫情防控和一系列常规管理制度，如：抗疫值班、网课教学、教师网上培训、班级管理制度、安全值班制度、教师出勤制度、教师常规管理制度等等，让全体师生深切感受到合作办学模式的深度融合。教师勇挑重担堪称楷模，冯佳和杨辉老师担任九年级班主任，工作认真负责，以校为家，爱生如子，全期住在学校，每天坚持全到位，所带班级班风好，学风浓；李新如老师一直担任毕业班学科教学任务，身体不适仍然带病坚持工作，教学效果好。学校的常规工作进一步规范，运转更加的顺畅。

四、抓好主重点，提高教学质量

防控疫情与教学工作并重，是学校本学期的重点，也是学校工作的重点。本学期我校的教学教研工作仍以新课程改革为契机，以新课程标准的基本理念为指导，从规范入手，有目的、有计划、有步骤地进行课程改革实验，打造高效课堂和毕业科目的有效教学，以全面提高教研教学水平及教学质量。

1．抓常规，促管理

加强常规管理，是落实教育计划的根本保证。学期初，教研组长认真制定了教学教研工作计划，教师严格按照省颁《课程计划》的规定，开足各门功课。严禁教师随意调整课程或挪作他用。在教学管理中，建立教学质量监控与评价制度。定期检查教师教案及作业批改情况，发现问题及时反馈并进行跟踪检查。在教学质量的检测与考核上，借鉴江声优秀管理经验和优质资源，寻求符合我校实际的规范性操作。

2．抓教研，促改革

本学期我校加强校本教研。全体教师分成语文组、数学组、英语组、政史地组、综合组五个教研组，各制定出本教研组的校本教研计划，按照计划有步骤地实施。开展教师间的交流与合作研究，特别是本学期的江声送教课堂的开展，我校教师做到虚心学习，共同切磋，分享经验，不断促进教师执教能力和教学研究水平的提高。开展校际交流研讨，送教 100 余节，通过听课、说课、评课、交流，教师们相互学习，共同提升，研讨教学的方式与成效。

先行先导，持之以恒。特别注重抓毕业班、会考科目的教学，校长亲力亲为，带领校委会成员齐抓共管，对毕业班优生进行有针对性、切实可行的辅导，各位教师都能做好充分的准备，配合教务处做好出卷、批卷、评卷、反馈等工作，考后及时分析掌握学生的学习效果，多次进行经验交流，大力促进教育质量的提高。有序组织学生开展体育训练，大课间活动师生联动，有序、有法、有效组织达到训练效果。

我校还鼓励教师撰写教学论文、教学设计、教学总结、反思，设计制作教学课件，不遗余力支持教师参加各级各类培训，参加名师工作室、工作坊研修等，大力提高各科目教师学科专业水平。正因如此，我校的教研氛围浓厚，教育教学水平大有提高。学校重视教育科研，大力支持课题申报，成立了课题组，省协会重点课题已成功开题，正在按计划进行研究。

3．抓活动，促特长

一学期来，我校结合学校实际情况精心组织主题班会、科技创新、手抄报、征文、经典诵读、学科知识竞赛等各项竞赛活动，在各级各类比赛中我校师生取得了优异成绩，突显出学校特色。

4. 抓特色，促发展

中国传统文化教学已扎根农村中学的课堂。我校加强了中国传统文化教学，除了在教学课程设置上开设国学课程以外，还鼓励语文教师改变旧的教学方式，创设生动有趣的情景，让学生在实际情景中学习中国古典诗词、二十四孝、弟子规内容，激发了学生学习国学经典的兴趣和积极性，鼓励学生通过体验、实践、合作、探究等方式，发展听、说、读、写的综合技巧。还加强了听的训练，即平时利用广播站播放经典诵读材料，创设国学经典文化交流周，开展诵读经典活动，用中国古典礼仪对学生进行文明养成教育，学校进行检查、评比，并评选出文明班级。

五、党建、工会与后勤工作

1. 党建领航奋进

河口中学党支部配合上级党组织积极推进支部的体系建设和队伍建设；开展“学习强国”学习平台的学习，评选学习积极分子；支部书记定期上好党课，开展好支部主题党日活动和党员学习心得体会。

2. 工会兴家立校

我校工会组织，充分发挥了工会自身功能作用，参政议政，搭起了一条领导与职工相互沟通的桥梁。开展师德师风教育，坚决抵制有偿家养家教现象；实行校务公开，民主监督学校管理；关心教职工生活，发放防疫慰问和节日慰问物资；退休教师相关信息政策传达；为教职工购买意外保险；开展了一些有益的工会活动。

3. 后勤保障有力

本学期，我校后勤工作真正做到了尽心尽力为教学服务。大力保障学生的就餐质量与环境，为学生安心学习提供了生活保障。无论是教学用品的采购，还是师生的一日三餐，分餐制把握时间准确，解决疑难问题快，服务态度优。从个人卫生到食堂卫生堪为一流。为防止传染病的发生，我校坚决执行留样和菜谱登记，制度规范落实到位，为我校全面提高教育教学质量奠定了坚实的基础。

六、潜心致力，师生追求卓越

一期来我校教师获得校级优质课 17 余人次，获奖论文多篇。同时在 2019 年的中考中我校成绩取得了历史新高，获得乡镇系列全县第一名。2019 年度河口中学获教务工作先进单位、教育教学质量综合评价学校系列一等奖、优秀率及优胜入学率一等奖、普高上线率一等奖、职高招生工作先进单位二等奖。

1. 教师方面

“课外访万家”家访手记 5 人获镇优秀奖；4 人获镇先进个人 ；第 20 届电脑制作县一等奖 1 人、二等奖 1 人、三等奖 3 人 ；抗疫征文县优秀指导教师 1 人 ；第 79 届社会综合实践活动县模范指导员 2 人。

2．学生方面

市、县级优秀学生干部 1 人 ；市级三好学生 1 人，县级三好学生 3 人 ；庆祝新中国 70 周年征文县三等奖 1 人；抗疫征文县二等奖 4 人；抗疫书画比赛县二等奖 1 人、县三等奖 2 人 ；“小手拉大手，共建新农村”主题手抄报比赛镇一等奖 2 人、二等奖 1 人、三等奖 1 人；第 79 届综合实践活动获先进连队 1 个，21 人被评为“优秀学员”。

天道酬勤，凝心聚力，合作共赢。我校 2020 年上学期在县局和中心校的正确领导下，在合作办学的助推下，学校各项工作迈上了新高度，开创了河口教育的新篇章。不论是行政还是教师，全员齐参与、师生共奋斗，调动一切积极因素，脚踏实地地开展工作，无私奉献，圆满地完成了上级布置的各项任务。成绩只代表过去，全新的航程又将开启，我校将一如既往，团结合作，开拓创新，为创建文明、安全、和谐的河中砥砺奋进！

河口中学

2020 年 7 月 8 日

2020 年上学期花石中学工作总结

2020 年上学期，虽然受到新冠肺炎疫情的影响，但是全体老师积极配合，敬业奉献，努力进取，各个方面得到一定发展和提升。一期来，学校在上级主管部门领导下，依法办学，依规治校，全面落实党的教育方针，顺利完成各项教育教学任务，达到预期目标。现就 2020 年上学期学校工作总结如下。

一、党务工作

我校以党建工作引领学校业务工作，用业务工作压实党建工作。把党的建设和教学业务工作的开展紧密结合，落实党的教育思想和教育方针，确保教育方向正确，为祖国培养好未来合格接班人。

党日活动开展丰富多彩，形式多种多样。有集中看视频学先进，学文件；有去晓霞山湘潭县烈士陵园开展主题党日教育活动；有各类党员学习交流民主生活会活动等。党建资料整理齐全规范，扶贫工作落实到位。

二、教学工作

1. 应对疫情，教学防疫两不误

疫情期间，为搞好开学准备工作和线上教学工作，召开全体行政人员办公会视频会议两次，全体班主任视频会两次，线上教学扎实有效。假期现场办公会议两次。安排布置开学筹备工作。九级和七、八年级分批开学方案细致，开学工作平安有序。

2. 全面落实教学常规管理工作

全体老师高度配合，教学常规工作落实到细处和实处。每学月一次教学业务工作检查，全期一共检查四次。每一次都有亮点出现，评选优秀伏案工作者给予奖励，在教师例会上通报检查结果。伏案工作评为优秀的老师有：语文杨立权、蒋仕琪；数学徐若澜、胡慧云、贺双会；英语苏珍、赵凌云；理化生王孝义、胡冰、胡德松；政史地艺胡清明、贺乐平、贺小聪、乐意。老一辈工作兢兢业业，青年老师不断进步和成长，以及全体老师与学校整体工作的高度密切配合，都体现出花中教师的爱岗敬业精神。

3. 积极搭建台子，让新入职的青年教师在师傅的引导下成长起来。教务处组织师徒结对，召开师徒结对座谈会，2019 年下学期组织上好新聘教师亮相课，2020 年上学期组织新聘教师上好汇报课。关心青年教师成长，让青年教师困难有人帮，疑难有人解。他们在老教师的带领下成长很快。新聘教师汇报课评为优秀的有胡灿、杨柳、李长珍老师。

4. 重点抓好九年级教学工作

（1）九年级上课第一周，请来县教研室教研员来校指导会考科目教学工作，配合中心校举办毕业会考科目研讨会，

（2）组织九年级中考誓师大会，激励学生奋发拼搏的精神。

（3）组织九年级学生月考。召开不同层次学生座谈会，明确目标，找出差距。6月10日，王镜芳校长亲自组织24名有可能冲击普高线的学生召开座谈会，让他们明确目标，提振信心，搞好复习，力争中考考出理想成绩。

（4）找老师个别交流，分析出现学科成绩差距大的原因，在复习中弥补。

（5）要求班主任分小批次组织不同层次学生家长召开座谈会，家校合作，共同提高学生成绩。

（6）组织毕业学科老师开展会考科目模拟试卷命题大赛，引导老师了解中考、研究中考，提高老师们指导学生中考的水平和能力。有杨立权老师获得特等奖，曾贤俊、胡丹、胡清明、胡迪军、赵纯、乐意、刘丛笑、赵凌云、刘瑶、倪煊、贺双会11位老师获得一等奖。

5. 开展多种多样的学科活动

（1）积极开展教研活动。全期上教研课38堂，及时组织评课议课，效果很好，学校教研风气浓厚。江声支教老师送教上门，更进一步提升我校教研水平，提振我校教研氛围。

（2）组织学科竞赛活动。一年来，开展了数学竞赛、英语单词默写比赛、作文征文比赛、科技创新大赛。既激发学生学习兴趣，又培养学生个性特长，落实因材施教，还丰富校园文化生活，形成良好的学风、校风。任课老师牺牲休息时间，利用晚自习组考、阅卷，非常辛苦，精神可嘉。

（3）努力抓好教学质量提高。八年级会考科目和九年级各科按月组织阶段性检测，召开毕业学科教师座谈会。段考后召开九年级学科成绩分析比较会，明优势，找差距，补短板，探讨提高成绩的措施和突破口。全体任课老师既有担当精神，不畏困难，努力拼搏，更有忧患意识，积极献计献策。体现花石中学全体老师精诚团结，务实进取，乐于奉献的优良传统和作风。

（4）教师积极参加国培工作。学校承办了生物国培研磨课活动，辛苦了班主任老师、生物教研组长和学校各部门，大家互相配合，活动完满成功。全期10多位老师20多次参加国培学习，有贺双慧老师等被评为优秀学员。

三、政教处工作

政教处工作成绩喜人，政教处主任王根林老师和全体班主任功不可没。

1. 日常行为管理和检查及时到位，评比、表彰通报、周小结、月总结，一次次都不马虎。安全教育常态化，每次集会必定进行防溺水教育、交通安全教育、校园反欺凌教育、校园活动安全教育等。

2. 积极组织开展全校大型活动，精心设计方案，协调各部门积极参加学校活动。如庆祝国庆70周年朗诵比赛，各班班主任精心组织训练，形式多样，活泼生动，充分展现我校班主任老师的工作实力，比赛场面精彩纷呈，震撼人心。

迎新年广播体操和队形队列比赛中，班主任老师冒着寒风细雨组织学生训练，体育老师认真做好技术辅导，比赛那天艳阳高照，全校学生意气风发，精神抖擞，在赛场一展飒爽英姿，让我们看到了花石中学师生的高素质。

3. 日常迎检工作及时到位，各类资料按要求报送，像禁毒宣传、廉洁从教宣传、打击非法集资宣传活动、宪法宣传周、宪法小卫士，法制宣传周，消防宣传周、反间谍宣传周及国家安全法宣传、预防青少年违法犯罪教育活动等，这些资料收集整理和上报，辛苦了全体班主任老师，学校各部门。我校廉洁从教教育活动、宪法宣传周活动等的开展，受到了县局的肯定和表扬。

4. 班级文化建设逐步受到重视和提升，每月黑板报的检查和评比有主题、有要求、逐步受到班主任老师和学生的重视。这样的活动培养了学生的各方面能力，也在活动中发现和培养了人才。

5. 寄宿生管理尤为责任重大，寄宿生的管理首先是辛苦了全体老师和班主任老师的辛勤付出，早自习、晚自习辅导，尤其是老师们没有住校，要早出晚归，克服刮风下雨，落雪冰冻的极端天气，很不容易。行政值日的人员也辛苦了，政教处王根林主任更是辛苦，每天清晨从学生起床、跑操、到卫生打扫、内务整理都是根林主任一人悉数全方位管理，尤其是晚就寝管理，更是责任重大，任务艰巨。查违纪、查串寝、查手机等等，都是在深更半夜，因此上学期寄宿生管理的整体状况良好。尤其还坚持了中午排队进食堂就餐，王根林主任辛苦了。

四、后勤工作

1. 很好地保障教育教学活动正常开展，我校校舍陈旧老化，维修任务重，后勤部门从一块玻璃到一个水龙头等，事无巨细及时维护维修，很多情况下牺牲休息时间，利用周六周日学生不在校不影响学习和教学的时间，做好维修改造工作。

2. 努力改善现有环境，提升学生学习生活环境。老教学楼走廊护栏得到更换，添置了厨房防鼠防蝇设施，落实了全体老师分餐制，我们在有限的条件下改善了校园环境，提升了学校品位。

3. 扎实落实贫困建档立卡家庭学生相关政策，辛苦了，各位班主任老师。后勤部门收集信息量多而杂，变数大。有时类似工作经常变化，重复交叉上报的东西也不少。还有的是今天是这样填报，明天又改成那样填报，要多烦就有多烦，但我觉这一次在这块工作完成很好，所有学生应落实享受的政策均已到位。

4. 学校所有账务清楚，合法合规，保证了学校工作正常运行。

五、办公室工作

1. 我校迎检工作，很多办公室资料收集整理、编制及时到位，全体老师配合很好，应收集上缴的资料及时到位。每次迎检，我校资料齐全，质量高，受到领导的好评。

2. 学校内务日常工作高效完成。宣传、接待、会务等工作效果好、质量高。

3. 办公室协调工作做得好。学校各部门工作及时到位，学校各部门配合良好。

六、工会工作

1. 积极落实工会福利政策，为老师们服好务。

2. 认真履职，为老师们办好人事、考核、职评工作，保证了老师们的合法权益。

3. 工会主席刘铁军老师默默地为学校奉献，周六、周日、节假日都是刘铁军老师坚持守校护校，是我们花石中学的守护人。

七、合作办学

1. 合作办学，两校有效融合。湘潭江声实验学校与花石中学合作办学，首先在物质上给予花石中学师生很大的支持，为全体学生每人赠送一套江声乐园学习资料，每人赠送一套校服；给每位花石中学的老师添置一身崭新的工装。

2. 合作办学，两校在心灵上有效地融合。花石中学的全体行政人员去江声参加行政会议学习，全体班主任老师和教研组长赴江声进行学习交流，全体班主任老师与江声对应班级结对交流，全体师生赴江声实验学校手拉手开展校园体验活动。这样的活动让花石中学和湘潭江声实验学校的全体师生在心灵上进行了有效的沟通和交流。还有江声八年级 1806 班、1811 班、1816 班、1834 班与我校 229 班、231 班、230 班、228 班举行“江声牵花中，并蒂向日红”主题联谊活动，七年级 1912 班和 1938 班与我校 234 班、233 班举行“以文会友，以友辅仁”主题联谊活动。两校师生进一步加深了了解，增进了友谊。

3. 合作办学，大大提升了花石中学教研教改的能力。肖董事长多次亲临花石中学，亲自指导我校的工作。还有贺校长和谢书记来我校，亲自参加教职工例会。肖董事长亲自组织名校长工作室成员，来花石中学调研，为花石中学的管理和发展给予很大的帮助。江声实验学校何校长对我校多次进行检查督导，指导我校各方面的工作。江声实验学校的 9 位支教老师来我校支教上课，涵盖全部学科，音乐、体育课程都有，平均每个老师上课 7 节以上，为我校的教研教改提供了很好的样板，全体花石中学的师生都有了很大的提高。

4. 落实奖教奖学工作。制定了 2020 年上学期奖教奖学方案，激励师生奋发、向上。

一个学期的合作办学，花石中学面貌焕然一新。从作风建设到教研教改，从班风的转变到良好校风的形成。从学生的文明纪律到学生的学习成绩，都有了很大的改变和提高。

八、存在的问题

1. 教师教学任务安排不合理，语文、物理教师偏少，数学、英语教师较多，且教师整体年龄偏大，工作量未能基本均衡，须克服困难，凝聚人心，齐心协力谋学校发展。

2. 当前绩效奖励、评优评先工作机制尚未健全，学校管理在某些方面难以落到实处，存在吃大锅饭、干好干坏一个样的现象。

3. 教研教改有时流于形式，缺少应有的校本教学研究，更没有上级部门的课题研究和成果。

4. 我校需高度重视招生工作，搞好内部管理，做好宣传，提升学校品味，确保学校良性发展。

合作办学以来，虽然各方面工作取得了一定的成绩和进步，但是我们更应该看到存在的一些问题和不足，在今后的工作中应该不断改变落后的面貌，让花石中学的工作更上一层楼。

花石中学

2020 年 7 月 8 日

2020年上学期锦石中学工作总结

锦石中学本学期继续与湘潭江声实验学校实施合作办学。一个学期来，我校借助合作办学的契机，在上级领导的高度重视和关怀下，在合作学校——湘潭江声实验学校的大力支持下，在全体锦中人的共同努力下各方面工作取得了很好的成绩，现总结汇报如下：

一、党建领航，促学校发展

我校支部是湘潭县创五星支部验收合格支部，学校非常重视党建工作，全体党员教师积极向上，在各个方面均能起到引领示范的作用，本学期在中心校总支的直接领导下，我支部开展了系列活动：

疫情期间积极响应上级部门的号召，组织全体教师向疫情灾区捐款10000余元（慈善会）；并带领全体教师为学生义务开展线上教学活动。

认真组织开展“三会一课”活动。

认真组织主题党日活动，并于6月30日面向全镇教育系统各支部组织开展六月份主题党日示范活动。

组织党员慰问困难学生家庭，共送去慰问款1500元。

组织发展优秀青年教师加入党组织，本学期有杨蓥老师为预备党员，发展了周梦宇、王英两位老师为入党积极分子。

二、合作办学，创显著成果

1. 充分借力与湘潭江声实验学校合作办学的力量，在县教育局和中心校领导的大力支持下不断改善办学条件。

（1）江声实验学校为每位锦中学生赠送夏季校服1套，价值4.6万余元。

（2）锦中每位学生免费拥有一整套《江声乐园》教辅资料，价值5.4万余元。

（3）江声赠送建设高档会议室一间，已竣工并投入使用，总造价17万余元。

2. 实施行政会和教师例会制度。周五第1、2节课召开行政会，各部门总结和计划工作，形成统一意见；周一文体活动时间召开教师例会，各部门根据行政会议内容和要求安排工作，起到总结、表彰、问题提出、决策和思想引领的作用，在每一次例会上我会就一个主题进行交流。主题的分享是在结合锦中实际情况的基础上进行阐述，老师们容易接受，也比较认同，尤其是在之后的各项工作实施过程中看到了成效。

3. 鼓励、表彰、交流，明确目标，让活动更具仪式感，提高师生的自信心和积极性。

（1）在5—6月份，我校开展了“校长讲座”专题活动，刘金城校长和彭志伟校长深入到九年级每一个班级对学生进行《越努力，越幸运》主题教育讲座，激励毕业班学生奋发图强，努力学习。

利用教师例会时间，大力表彰获得各项荣誉的老师，颁发荣誉证书，并合影留念，以此激励老师的学习和工作积极性。

4. 用行动引领示范、合作交流促进教研活动的开展：

（1）5月18日，肖正章董事长赴锦石中学进行合作办学现场调研，并为老师们进行了励志讲座。

（2）5月25日，6月10日，江声1831班和1819班师生分别与锦石中学开展班级结对交流活动。

（3）4月26日，江声赴锦石中学进行合作办学支教工作，10余位支教老师工作认真，锦中老师听课学习积极。

（4）6月23日，我校数学组赴江声学校，与江声数学组教师一起开展同课异构教学交流活动，王英老师上了题为《一次函数复习——图形面积问题》的教学交流课，彭志伟校长参与点评环节。

（5）6月4日，江声督导室专程来校督导合作办学效果和教育教学工作，并给予高度评价和指导性建议。

三、德育为先，育合格公民

1. 以活动为载体，尽显德育活动的教育魅力

常规活动规范化：

①每周坚持升旗仪式，由团委书记周凌志老师负责组织，并创新模式，由班级负责开展升旗仪式主题活动，起到了很好的教育引导作用。

②班级文化建设方面：黑板报检查常态化，班级统一建立了图书角。

③进一步规范主题班会课的开设，做到每周一的第一节课各班均能有针对性开展主题班会活动。

大型活动精细化：

①组织全校师生开展教学楼消防疏散演练活动，通过活动提升学生的安全逃生意识。

② 6 月 7—11 日，组织五年级、七年级学生赴湘潭县综合实践基地开展综合实践活动，以上活动的开展极大提升了学生的行为习惯，增强了班级的凝聚力。

主题活动常态化：

本学期根据上级部门的相关工作安排，组织全体学生开展了一系列的主题教育活动，如绿色环保主题教育活动、扫黑除恶主题教育活动、创文创卫活动、禁毒教育活动、学科素养能力测试、庆祝五四（六一）主题教育活动等。以上活动分别通过主题班会课、黑板报、手抄报、网络测试等形式组织开展。

阵地建设特色化：

积极组织开展乡村少年宫活动，本学期共开设了篮球、田径等课程，极大拓宽了育人途径，增进学生综合素养的提升。

2. 重视班主任队伍建设，提升班级管理效果

（1）充分发挥班主任的主观能动性，有效开展班级管理工作。如晚自习前收看电视、九年级组织学生进行体育锻炼、班级环境建设等。

（2）每月召开一次班主任沙龙活动，通过内部交流达到促进提升的作用。

（3）制定了《合作办学——班级管理考评制度》，进一步促进班主任工作能力的提升。

3. 注重对学生干部培训，提升学生自主管理能力

学校德育处组建了纪律部、卫生部和宿管部三个学生会职能部门，开展常规管理。德育处组织集中培训，平时工作中悉心指导，使得学生干部的能力在平时的工作中得到提升。

4. 加强了家校联系，促进教育合作共赢

（1）各班班主任创建班级家校“微信群”“QQ 群”，为能及时与家长取得联系搭建平台。

（2）5 月 29 日和 6 月 24 日，分别组织召开了 1701 班和六年级各班家长会，进一步促进家校联系，最大程度上争取家长对学校教育的支持和配合。

5. 关注学生健康成长，发挥先进引领示范作用

（1）建立特异学生成长档案，试行“四帮一”潜能生帮扶计划，关注和关爱家庭、思想和身体方面存在问题的学生。

（2）期末对学生进行评优评先，表彰优秀学生。

（3）规范入团程序，吸引优秀学生加入共青团组织。

四、教学为主，培优秀学子

1. 教学常规不放松

（1）本学期继续实施伏案工作月检查制度，对优秀的案例精心表扬。大力推行查堂、查班制度、推门听课制度，进一步规范常规管理。

（2）组织召开“毕业会考学科科任教师和班主任会议”，明确目标、制定计划、落实责任、签订责任状。

对每次的月考都进行隆重的学生总结表彰大会，奖励优秀学生，极大地刺激了学生的学习积极性。

（4）关注每一个学生的发展。这个学期对九年级的 4 个班分别召开学优生和学困生会议，成立励志班，明确目标、指导方法，鼓励信心。

2. 教师培训很重视

本学期采用“走出去，请进来”的方式开展校本培训工作。

组织数学组老师赴江声开展同课异构教学交流活动。

承接了湘潭县“送培到县、送教下乡”国培训前调研活动，我校周凌志、周瑶、谢亚军老师上了调研课。

借助江声支教老师来校上课的机会与老师们进行交流，及时解决一些教学难题或提供一些教学资源上的帮助。

对 35 岁及以下的青年教师进行业务考试，13 人评为优秀。

本学期上交参评教育教学论文 11 篇。

3. 教学成绩更显著

在参加县一中海航班招生考试中，我校有 5 名同学获得直升生资格。

五、工会服务，引师资向上

1. 认真开展了学校账务审计，校务公开工作；组织开展了师德师风建设工作。

2. 继续实施《食堂采购监督制度》，成立了监督小组，让监督工作落到实处。

3. 坚持《教师出勤考评制度》，进一步规范教师的工作行为。

4. 制定了《教师文明办公室评比方案》，开展每周一查、每月一评的办公室布置评比活动，大大促进了办公室文化建设，优化了办公环境。

六、后勤保障，护学校正常运转

1. 安全与卫生防疫工作

（1）制定学校《安全工作预案》《预防传染病工作方案》《反恐工作方案》《防寒防冻工作方案》，成立了安全工作小组，切实做好了学校安全工作，确保了师生校园安全，全期无任何安全事故发生。

（2）根据上级卫生部门的要求，定期对饮水系统、食堂、寝室、教学楼等区域进行消毒，认真做好了晨午晚检工作，确保师生生活、工作卫生健康。

（3）坚持对校园商店进行督查，确保了商店食品的安全、卫生。

（4）通过国旗下讲话、广播会、主题班会课对学生进行安全与卫生宣讲教育，提升了学生的安全与卫生意识。

2. 食堂管理

（1）坚持“以人为本，保本不盈利”的基本原则开展学校食堂工作，切实做好师生饮食安全管理工作，认真对待各级部门的检查验收工作，并针对存在的问题逐一落实、整改。

（2）加强食堂工作人员的培训，提升服务质量，配合上级部门实施“明厨亮灶”工程。

（3）针对学生就餐不文明现象开展“文明餐桌活动”，效果显著。

（4）进一步提高菜品和菜量，坚持办学生和家长满意的食堂。

3. 教育扶贫攻坚工作

（1）认真学习国家关于教育扶贫的相关政策，认真落实了建档立卡、低保户、残疾儿童、社会供养学生名单，并将相关补助发放到位。

（2）建立了“一单式”网络扶贫系统工程。

（3）组织全校老师成立“一帮一”扶贫工作，每一位老师都对应一名或几名贫困学生，实施精准帮扶，或上门慰问，或学习辅导，尽可能让教育扶贫落到实处。

4. 财产维护

（1）坚持了“开源节流，合理利用”的原则，教育师生自觉爱护公共财物，损坏的照价赔偿。

（2）对于损坏的财产尽可能自己动手维修。本学期经常发生停电问题，总务处落实并安装好了校园发电机，能很好地应对停电等突发性事件。

（3）建立工作台账，及时统计国有财产。

（4）改造学生中栋寝室，为学生营造良好的学习生活环境。

七、存在的困惑

1. 教学楼教室墙壁污损重，教室内需改装护眼灯（含线路），班级文化建设水平需提升（已报县局），厕所和厨房需要改造，厕所仍为旱厕。

2. 教师激励措施难以落实到位。

3. 部分学生的学习劲头还不足，成绩暂时还不是很理想。主要原因是学生意识淡薄，家庭教育缺失，留守儿童较多，问题家庭不少。这些因素导致学生、家长对读书的重视度不高，也使得老师的教育举步维艰。

4. 部分教师的教育教学理念还需进一步提升。

2020 年 7 月 11 日

2020 年上学期中路铺中学合作办学总结

（2019 年 8 月至 2020 年 8 月）

“互通互融，互帮互助，合作共赢”，在县教育局实施合作办学举措的第二年，我又被派往中路铺中学担任第一校长，从 8 月 28 日上任到今天，有成绩，有不足，有困惑，现汇报如下：

一、学校基本情况

学校七、八、九三个年级每个年级各四个班，共有学生 632 人，教师 47 人，‘其中 45 岁以上的老师 23 人，去年及今年参加工作的 8 人。

二、初期发现学校的优势与不足

优势：

1. 学校硬件条件好：每间教室都已安装了电子白板；男女生宿舍各一栋，有充足的床位，也便于管理；房屋充足，各功能室齐全（舞蹈室，阅览室都有）；校园环境优美，绿化维护好；教师公寓基本上可满足教师居住。

2. 行政班子工作积极主动，执行力强。

3. 生源情况较好，除了接收规定区域的学生外，还能招到域外学生。

不足：

1. 年龄大的老师较多，不利于安排工作，也不利于教研活动、创新活动的开展；刚参加工作的老师思想不稳定，管理能力、教学能力明显不足，同时也有三个年长老师的组织教学存在较大问题（从而造成上期一些乱班出现）。

2. 工作应付式较多，不注重细节，不讲究高效。

3. 八年级风气很不好，有较多顽劣学生。

4. 许多功能室室内设施老化、破烂。

三、合作办学以后发生的变化

1. 进一步细化了管理工作：让每一位管理人员的职责更加明确，各项管理工作的要求更具体和细致。如卫生工作，每天的卫生都是大扫除的要求；教学工作，每天教务处同志必须保证三节以上的查课，且要求做好记载、总结与通报；食堂管理也加大了监督力度，增加了透明度。

2. 慢慢地改变了老师的一些观念和思想：例会上，我向老师们介绍了江声教育教学的许多高要求且行之有效的做法，如备课上课要求，青蓝工程做法等，也介绍了许多的江声意识，如细节意识、服务意识、平等意识、合作意识、担当意识等，让老师们看到他们的工作方法、工作态度与好学校的差距，看到他们的思想观念及认识的不足，从而有所触动和改变。

3. 做了几件受到老师、学生、家长好评的实事：更换了教室、办公室电灯，改变了以前教室灯光昏暗的现象；更换了会议室桌椅，且进行了精心布置；更换了食堂餐桌，学生由站着吃饭改为坐着吃饭；对早操、课间操进行了改革，改变了以前学生懒洋洋做操的现象；力排众议坚持开设了音乐、美术课；改变了作息时间，把时间还给了孩子；开展了红歌合唱比赛、艺术节、运动会等，让学生的学习生活更丰富多彩。

4. 有效地扭转了八年级的风气：采取强化班级管理、行政干预、加大检查和处分力度等手段，让上学期比较严重的学生纪律观念不强、自由散漫的现象得到了有效的遏制。

四、教学成绩

1. 上学期期末考试成绩各年级都名列全镇四所中学前茅。

2. 毕业优生突出，人数增多。

3. 本届毕业班这一年管理得很好，成绩也表现喜人，中考应能考出好成绩。

五 、工作中的不足

1. 课堂的不高效没有得到有效的改变：这与教师平均年龄老化，新参加工作的老师较多，缺乏工作热情或经验，学生没有分层教学有较大关系。

2. 还没有形成浓厚的学习氛围。

3. 开展工作还没大胆地放开手脚：比如教学改革，比如一些新的制度的实施，不应该犹豫不决、瞻前顾后。

4. 争取上级的支持力度不大。

六、工作中的困惑

1. 新老师的不稳定及快速成长问题。

2. 不能放开手脚大胆工作。

2020 年 7 月 10 日

融大爱勇担使命　聚合力协同发展

——江声·天易水竹学校融合办学工作汇报

贺振华　汤颂

为贯彻湘潭县教育局提出的“名校推动城乡教育深度融合”的部署，2018年8月至今，我校与天易水竹学校开展了为期三年的深度融合办学。两年多来，在各级党委政府、江声学校、易俗河中心学校的高度重视和指导帮助下，融合办学基本实现预定目标，为全县融合合作办学的开展再添佳绩。

2018年8月，我校派出骨干力量汤颂老师到天易水竹学校担任校长。之前，他已经外派担任云湖桥中学校长一年，为湘潭县的深度合作办学探索了一条成功之路。为确保融合办学取得实效，教育局和中心校领导多次亲临天易水竹学校指导合作办学工作，两校的校委会成员也多次汇聚一堂，就合作办学相关工作进行深入交流，精心谋划推进两校教育融合工作。

一、目标明确，绘制蓝图

我校通过认真分析实际情况，全面诊断存在的问题，为天易水竹学校确定了“两个扭转”“两个并进”“两个跨越”的战略目标。

1. 以质量立校，以校风、班风、教风、学风“四风建设”为突破口，狠抓校风扭转，促进生源扭转。

2. 以管理强校，以实现精细化管理为目标，完善管理构架，提升管理水平，实现内部管理和教育水平齐头并进，中小学两个学部齐头并进。

3. 以科研兴校，以建设研究型学校为抓手，开展“五单式”研修活动，提升育人水平。

二、管理融合，品位提升

为使融合办学得到持续深入的开展，肖正章董事长先后多次到校检查学校工作，参加全体教师会、毕业科任课教师会，与部分教师交流情况，极大地推动了学校管理工作。

江声作为名校，这么多年，在实施精细化管理中形成了很多好的做法、经验。因此，我校通过一系列有力的措施使这些先进的理念能落地生根，不断提升他们的管理水平。

一是明确目标：学校根据建设优质公办品牌学校的要求，以校园安全文明、环境整洁规范、教育质量提升、家长信任赞誉为目标，优化管理。二是细化管理。我校结合天易水竹的校情，制定出了一整套精细化、可行性强的制度。如：天易水竹学校岗位管理体系、班级管理方案、绩效考核方案、教学奖方案等，形成了一本“制度集”，其目的主要是引导工作规范，约束工作行为，明确奖惩措施，保障政令畅通，对天易水竹学校发展起着决定性的作用。行政每天认真巡查校园，开启每日每节查课巡课制，提升教育教学质量，确保安全有序。三是提升执行力。召开系列专题会议，分年级组召开班主任经验交流会议等，使学校各项管理工作有序，校园向上氛围浓郁。行政团队工作作风和执行力不断提升。在融合办学期间，水竹学校承担了大量的国培、活动、迎检任务，学校的精细安排和教师做事的认真用心得到了各方的高度赞许。在省师德巡讲大型接待和送教下乡学科活动承办中，其细致入微、主动作为得到了各方一致肯定。

三、教研融合，互动频繁

为全面实现江声优质教育资源的融合共享，快速提升天易水竹学校的教育教学水平，我校教师发展中心特别制定《融合办学提升方案》《学习用车情况记载表》等管理制度，从制度、经费上提供支撑，两校教科研融合互动频繁。

我校与水竹举行了三轮“依托名师，探究高效”毕业学科同课异构暨有效教学研究活动。相同的教学内容，不同的教学方式，再加上我校名师的微点评讲座，对老师们课堂教学提升促进十分大。我校还积极邀请水竹的老师参加教研组集体备课和组内培训组务活动，以及每月主题活动。在五校联合段考中，我校根据水竹学生的学情进行了有针对性的命题，提升了考试的实效。

两年多来我校管理、名师团队去天易水竹视导 180 人次，水竹学校前往我校学习的人数达 800 余人次。送课、当评委、指导赛课和青年教师 95 人次。两校行政管理人员、教研组长、备课组长结对交流 238 人次。两校同课异构 28 人次；听课学习 460 余人次。水竹学校教师学习集体备课和参加江声教研组内业务培训 180 余人次。

通过这些指导、交流，天易水竹学校也刮起了强劲的研讨之风、专业成长之风，教师素质得到快速提升。肖习艳、邓练练、刘艳霞、宾冬青等老师积极参加国培“送教下乡”活动。朱倩老师在易家湾学校参加湘潭市语文名师工作室“送教下乡”活动中，所上《植树的牧羊人》一课受到好评。天易水竹学校在 2019 年“杏坛之星”镇级复赛中，有 19 位老师获一等奖，6 位老师获二等奖。在“杏坛之星”县级决赛中，水竹学校共有

16位老师荣获县一等奖，5位获二等奖，创历史最好成绩。还承办了县“杏坛之星”第一轮赛课初中生物、中小学美术、初中化学学科成果展示活动。对于一个乡镇系列学校来说，取得这样的成绩，在同类学校中也是绝无仅有的。

四、理念融合，活动育人

我校注重对水竹学校在育人理念上的提升、渗透，注重指导他们以活动育人，引领五育并举融合发展，开展了一系列的活动。

首先，德育课程丰富多彩。水竹学校充分学习江声的德育经验，开展了一系列特色德育活动，如安全疏散演练、体操队列比赛、励志向上游学活动、亲子实践活动、学宪法宣誓活动、体育节、星级教室评比、校园小当家活动、美术手工作品赛，既有常规活动，又有主题活动，更有校外活动。从活动计划的制定，到活动的组织和后期的总结、反思，水竹学校利用从江声借鉴到的这些丰富的活动经验，起到了促进学生自我教育、自我管理、自我发展，最终实现学生全面发展的作用。

其次，开启校本课程的设置。注重学生的个性特长发展，开设校本课程，一直是我校的特色。天易水竹学校也学习这一方法，开展了10多门类的社团活动。丰富了校园文化，充分培养学生的兴趣、挖掘潜在的能力，实现学生的全面发展。2019年在湘潭县教育局组织的电脑制作比赛中3人获得一等奖；艺术百佳比赛，5人获县一等奖，24人获县二等奖，11人获县三等奖。中学部节目《滚灯》获“辉煌70年，逐梦新时代”湘潭县艺术节一等奖，中小学部节目参加易俗河镇第五届中小学艺术节均获得一等奖。这样的佳绩在整个湘潭县的乡镇中学中是绝无仅有的。天易水竹还承办湘潭县小学生篮球联赛，获优秀赛点奖牌，小学部获精神文明风尚奖。

再次，发展家长。发展好教师、学生的同时，还要充分发展家长，家校共育才能促进学生更好地成长，这是我校德育的又一成功举措。我校将家长发展中心的经验毫无保留地传授给天易水竹，他们根据家长的实际情况，加强对家长的引导和发展，通过微信群和公众号宣传家教知识。家长护学岗成了天易水竹靓丽的风景，真正做到家校合作，全方位安全育人。

另外，学校在宣传方面也充分借鉴我校经验，全面加强校园文化建设，学校微信公众号相继推出系列作品，宣传学校亮点，展示了学校新形象。水竹学校“送培到县”师德巡讲、“送教下乡”示范性培训项目开班、宪法学习宣誓、励志向上游学活动、“11.9消防安全伴我行”、体育节等系列活动先后在“湘潭县红网”“湘潭在线”“莲乡教育”“科教新报”等媒体上发布，使天易水竹学校赢得了良好口碑。

五、资金保障，资源共享

在教学交流的同时，我校无偿将本校精心研发的资源分享给水竹学校。相继给水竹学校捐赠了28620本《江声乐园》资料、1670本《真题集》、近2.7万份试卷。送教的老师们在课后分享了教案、课件等教辅资料，这对于优化融合学校的学科资源配置、全面提升教学质量，起到了深远的影响。

为全面提升天易水竹学校的教师风貌，我校捐赠给水竹学校教师正装176套，打造教师崭新的精神面貌。

两年多来，我校以合作办学为契机，充分发挥管理优势、师资优势、教研教改的先行优势，加强了资源共享，在继云湖桥中学的深度合作办学之后，又成功探索了一条两校深度融合办学的新路径，为湘潭县融合合作办学再填新瓦，为湘潭教育的优质、均衡发展再献佳绩！

合作办学成果展示——我将无我，不负使命

茶园中学　艾正强

2018年7月底我被告知因合作办学，需要到茶园中学担任校长一年。我欣然受命。8月13日正式接手工作至今，本人积极有序地开展各项工作，很好地达成了合作办学的既定目标。

一、办学条件极大改善

合作办学以来，茶园中学在县教育局、江声实验学校的大力支持下先后投入近百万

元。现在，每间教室安装了电子白板；安装了直饮水机；更换了可调节高度的新一代课桌椅；更换了食堂的餐具、餐桌；新建了干净、卫生、高档的现代厕所。这些改变让师生们的学习生活条件得到了极大改善。

二、师生风貌焕然一新

乡镇中学教师一般在一个学校一呆就是很多年，经验变成了观念，看法变成了思想，失去了热情，教书育人就是工作而已，按规定上课、看作业就是工作内容，一般老师除上课以外，几乎与学生不再有交流！没有优秀的热情向上的教师团队，怎么会有所有学生的积极、乐观与向上？这个局怎么破？肖董事长自有高招：（1）全体教师赠送工作服，全体学生赠送校服，无形之中档次提高了不少，自信心增强了不少。（2）教师、学生多次到江声学习交流，让师生感受江声向上、向善、乐观积极的氛围。同时学习江声先进的管理经验、教育教学方法。全体师生在江声的所看所听，内化成了思考，此时无声胜有声。（3）班级结对，茶中的八个初中班与江声同年级的班一对一结对成友好班级，老师成为伙伴，学生成为伙伴，朋友多了，信息多了，向往、自信也就跟着来了。

我也做了大量工作：（1）我说一所学校条件不好但师生都爱读书，就是一所好学校。虽然我们现在条件不好，但我们依然能做出高尚的教育。（2）每天的晨会，我肯定会讲一个教育案例或一种教育思想，慢慢地渗透给老师，潜移默化老师的教育认知。（3）自己做好榜样。我的教育情怀我的工作热情，我的工作思路和方法，老师们很认同，所以也就跟着我这么来了。

现在看看我们的师生，虽只是短短一年，但已是那么的自信，那么的文明，我开心！

三、平台搭建，助力发展

除了茶中的老师多次参与江声的各种学习交流活动以外，这一年的两个学期里，江声还分别派了 12 个优秀老师来茶中支教，这些老师们先了解茶中的学情，然后精心备课，给茶中的师生奉献了无数堂精彩纷呈的高品质课。每一堂课，茶中同科目的老师都随堂听课学习，课后相互交流，通过这些活动，老师们学到了很多，收获了很多，用茶中老师的话说就是：我好像又回到了重新参加工作的时候，慢慢明白课应该怎么上了！

这两期，茶中师生的教学、学习辅导资料都是用的江声学校的，这些优秀资料让茶中的师生开阔了视野，拓展了知识，教学效果也稳步上升。

四、改革探索，颇见成效

乡镇中学的课程开设除体育课外，其余课程基本是围绕学生的文化学习，音、美、电课形同虚设，被当成了不要备课的杂课安排在文化课教师身上，教师的兼课因各种客观因素的限制而不能做到专一……

一年来，我坚持把音、体、美、电课集中由几个教师担任，且对这些课程的日常上课提出了严格要求，同时特意请求江声安排音、体、美、电的优秀教师来支教，这一年来学生的这些课程没有因其他原因而耽误一节；同时，利用每间教室的电子白板，我把每天晚自习的前半个小时定为看电视的时间，让学生通过新闻播报等节目获取信息增长见识。我想这些措施的实施，虽然没有立竿见影的效果，但对学生的终身发展是有益的！

对于教师的课程安排，我也是要求能专则专，让老师们能集中精力，术业专攻，从而更有效地教学。

我总告诫老师们说，让你的课堂活起来、有趣味，千万别让索然无味的课堂磨灭学生仅存不多的学习热情。

五、合作办学，硕果累累

（1）教师的工作热情，职业幸福感慢慢提高。

（2）学生的学习兴趣逐渐变浓，学习成绩稳步提高。

（3）学校的办学条件快速改善。

（4）经典诵读获一等奖。

（5）一年的合作办学，永久的合作精神和合作友谊。

六、不足与困惑

（1）合作办学的可持续性发展。

（2）如何完善制度来维护公平，调动积极性。

合作　交流　深化　发展

——江声实验学校与歇马中学合作办学总结汇报

歇马中学　莫国强

湘潭县教育局提出“名校推动城乡教育深度融合”的部署，2018年8月至2019年7月，江声实验学校与歇马中学开展为期一年合作办学。现将两校合作办学工作汇报如下：

一、均衡发展盼合作

县政府杨县长和县局李局等领导，高度重视地处县城西南边陲的歇马中学的发展。多次亲临学校指导工作，并确定我校与江声合作办学。搭乘上县城教育航母，全校师生备感幸福，翘首期盼。

8月25日下午，肖正章董事长来到我校查看校园条件，了解办学情况，与我校的校委班子进行座谈，交流思想，交换意见。肖董事长表示，江声将会大力支持我校的教育教学工作，促进县内基础教育事业的均衡发展。

二、先进理念沁心田

我来到歇马中学，凡事身体力行，时刻以江声德育理念和江声学生行为规范来要求全体师生。在他的引导和要求下，学生排队进食堂、排队就寝已经成为一种自觉行为，学生乱丢垃圾的行为得到有效控制，学生早晨起床迟缓的现象彻底消除，早操、课间操质量大幅提升。江声的理念、文化在歇中生根发芽。

三、校园文化靓校园

合作办学以来，江声领导多次到我校调研，就我校的校园环境改变、校园文化建设、学校精气神的凸显等问题进行交流磋商。他们为我校学生捐赠新校服、新课桌，为教师添置工作服，并捐赠课外书几千册；为打造特色校园文化和班级个性文化，设立了书香气息浓郁的图书角，打造了明亮温馨的爱心书屋。

2018年校园文化“大变脸”，规范了校园规章制度，打造了规范的班级文化。

四、江声支教优课堂

为了加强校际沟通与合作，促进合作学校教师专业化成长，江声实验学校“送教下乡”活动在我校正式拉开帷幕。

每月，江声的老师们舟车劳顿，赴我校送来优质课。送教老师们不但认真开展课堂教学，而且积极与我校老师、学生进行多方面的交流。江声老师“专业、敬业、乐业”的工作态度和先进的教育教学理念极大地影响了我校的师生，激励着师生们成长进步。

五、教学督导促成长

江声学校督导室和各科骨干教师在何立军督学的带领下，先后几次对我校的教学及管理情况进行了督查。对于发现的问题，江声督导室给予良好的建议和指导，促进我校良性管理的发展。正如我校曾鹏翔校长所说：“合作办学为歇马中学、家长和学生带来了福祉。”

六、资源共享提质量

在教学交流的同时，江声实验学校无偿配发全套《江声乐园》，送教的老师们在课后分享了教案、课件等教辅资料，这对于优化我校学科资源配置、完善资源网络体系、建立长效发展机制、全面提升教学质量，起到了深远的影响。

七、师资培训全覆盖

2018 年 8 月 5 日，我校老师参加了江声实验学校班主任能力提升培训班。2018 年 8 月 26 日，江声实验学校举办的合作办学学校教师暑假培训。我校全体教师赴江声聆听一场又一场精彩讲座。2019 年 3 月 13 日，江声合作学校班主任结对启动仪式隆重举行。我校教师近距离与江声名师交流，得到江声行政人员、班主任、科任教师多层面全方位的指导。特别是年轻教师，受江声名师的言传身教，成长快速。

八、结对帮扶增情谊

为了提升青年教师的教育教学水平、教科研能力和管理水平，建设一支高质量师资队伍，我校学习江声先进理念，开展“一对一”青蓝工程。2018 年 11 月 21 日，我校全体师生赴江声实验学校参加“手拉手”校园体验活动。感受独具魅力的江声文化。2019 年 3 月 15 日以来，江声实验学校开展“城乡手拉手，共享读书乐”活动，1727、

1733、1734、1735、1737、1815、1831、1837等班级为我校同学们（初三各班，173、175、176、177、178等班）送来了丰厚的精神食粮——爱心图书，还捐赠了书柜、学习用品、体育器材等物品。

九、教育教学多硕果

我校学习江声，注重家长的发展，加强了家校合作。成立了家长委员会并召开了第一次会议。

我校学生深受江声学生学习精神的感染，涌现出许多学习态度大为改观、学习成绩大幅进步的学生。各班级整体成绩比以前均有显著提升。在2018期中考试三校联考中，八年级优生人数位列三校第一。九年级优生突出。

2018我校朱典同学斩获“第三届青少年才艺大赛”金奖，2019年“艺术百佳”我校斩获五个一等奖。

十、社会反响展实效

石鼓中心校领导：“有了与江声合作办学的平台，不但要把歇马中学发展起来，同时要带动整个石鼓镇的教学质量和办学水平。”

我校年轻教师：“我很幸运在工作的第一年能够与如此多优秀的教师交流、探讨。这让我自身的专业素养有极大的提高，感谢合作办学，感谢莫国强校长，感谢有大爱精神的江声实验学校！”

家长意味深长地说：“歇马中学真的变了，在农村也能享受城里孩子般的教育！”

学生：“课堂生动了，活动丰富了，学习更有趣了！”

十一、且行且思谋长远

合作办学，两校领导和教师感受很深，收获颇多。这一年，歇马中学的设施设备日趋完善，师生精气神骤增；这一年，歇马中学多方面更具科学规范；这一年，江声文化时时刻刻引领师生向上生长；这一年，江声为我们校本研修注入创新力量；歇马中学因引领而成长，歇马中学也因合作而共赢。

一年的合作经历已近尾声，这一年给我留下了教育人生不一样的经历和感受，也萌生了许多感动和感恩，也有很多感触和思考。回来后我如何利用这段难忘的经历，更好地去面对新的每一天？合作办学方兴未艾，如何整章建制、扬帆远航？合作办学一年时间是结束还是刚刚开始？如何构建长效机制解决农村中学的师资队伍薄弱、制度不合理等方面的问题？我校曾校长还就合作办学进行了思考，并撰写了相关文集。总之，融合全作办学之路任重道远，但前景定充满光明！

合作办学谋发展　教育改革谱新篇

杨嘉桥中学 刘金城

尊敬的各位领导、专家，各位同仁：

上午好！

我是杨嘉桥中学刘金城，非常感谢县委政府、县教育局、江声学校及各位领导给予我此次学习锻炼和汇报展示的机会。今天我汇报的主题是《合作办学谋发展 教育改革谱新篇》。结合一年来江声与杨中合作办学的收获与感悟向各位做汇报。

一、合作办学，环境改善

1. 电子白板，班班通。
2. 学生课桌，班班新。
3. 师生校服，人人有。

思考：环境改善——美丽而舒适的环境将起到润物细无声的作用！

二、合作办学，资源共享

1.《江声乐园》、中考复习等教辅资料免费提供，每科人手一册，师生如获至宝。

2. 五校联考，江声命题，实施团队合作，既有竞争，更注重协作，我们江声五位外派的校长并非各自为政，而是经常联系，交流工作中的心得、困惑，取长补短，共同提升。

哪一个好不是真的好，五个人都干好了才是真的好，因为我们代表的是江声！

3. 江声学科教师赴杨中支教，开启学科合作交流新途径。

①支教老师课堂授课，杨中老师积极听课，结成了很好的交流伙伴关系。

②支教老师与杨中老师同课异构，促进共同成长。

③教研交流，答疑解惑。

思考：资源共享——文化的东西只有得以传播、扩散，才能真正体现它的价值！江声文化正在传播！

三、合作办学，结对交流

1. 行政人员、教研组长结对交流，促学校管理能力提升。

2. 班主任、班级结对交流，促班级文化建设提升。

3. 学科教师结对，促教学能力提升。

4. 学生结对，促合作办学友谊长存。

思考：结对交流——让时间上只有一年的合作办学得以无限延绵！

四、合作办学，师训成效显著

1. 组织教师赴江声参加教师培训和学科活动。举例：优秀班主任罗争艳老师；优秀行政人员：倪长青、傅伟明老师。——乐于奉献，追求卓越的江声精神！

2. 鼓励青年教师参加教学竞赛，邀请江声名师指导，成绩斐然。举例：杏坛之星一等奖杨玲、张亮老师。

3. 校内教师业务学习、业务考试：开学之初便组织各学科教师业务考试，成绩很不理想，于是所有老师和九年级学生一起参加月考，我也参与其中，以此促进教师专业成长——示范、引领、唤醒！

4. 承接各级教研活动在我校开展，做到不出门就可以听到专家指导，看到名师示范。主要有县英语名师工作室送教下乡活动、第三督学责任区中考复习研讨活动。

思考：学习交流——教师专业成长的最有效途径！学校管理——团队建设十分重要！

五、合作办学，促学生素养提升

教育学生应在了解学生的情况下顺势而为！

八年级147班徐同学是我定点帮扶的一名男孩子。脾气暴躁，易怒，他是留守儿童，常年和年迈的奶奶生活，严重缺乏家庭的关爱，曾多次到我办公室表达辍学的想法，但我通过和班主任一起家访、做思想工作，最终都被我劝服了。而一件发生在周五的事情，真正让我成为他的依靠！

周五放学时间，孩子们陆续离校回家，而徐同学却在班主任的陪同下气冲冲地走进我的办公室，两只拳头攥得紧紧的，我知道他一定又遇到什么不如意的事情了，可能又要“发飙”了！果不其然，一顿歇斯底里，倾诉了事情的原委——原来是他的被子里被人塞了许多垃圾，他感觉自己受到了莫大的侮辱！我平静地倾听了他的诉说，因为我了解他！从他的怒吼中我听出了他的诉求：一是想找当事者理论，却不知道是谁干的；二是让对方承担责任，帮他把被子洗干净；三是自己没办法将被子拿回家，因为父母不在家，奶奶行动不便。我于是耐心地与他交流了好一阵，告诉他遇事冷静处理的方式，告诉他同学的这一无聊的举动只是好玩，并无恶意，下周返校后一定严肃查处，批评教育。但徐同学似乎并不领情，仍然很气愤。我立马意识到他更关注的不是这个，而是另有隐情——父母已经很久没有回家了，他没有人来接！于是我十分和蔼地和他说：“这样吧，现在也不知道是谁干的，等下校长和你一起去把垃圾清理干净，然后我用汽车送你回家，把被子拿回家洗一洗，你看如何？”他的拳头终于松开了，气愤的情绪也消散了。其实在后来的垃圾清理过程中，我只是在旁边陪伴，指导他如何清理，在送他回家的路上和他话了一些家常，我深深地感受到留守儿童对家庭温暖的渴望！到家后徐同学很认真、大声地对我说了声“谢谢校长！”

自此以后，他再也没有与我提过退学的事了，凡遇到困难他就会来我办公室寻求帮助！

思考：作为校长，要调动老师的积极性，务实工作！作为老师，要调动学生的积极性，健康成长！

所以，了解学生，顺势而为地教育学生，你就能成为他成长的依靠（贵人）。若干年后，他也许不记得你教给他多少文化知识，但一定记着曾有那么一次，校长帮助过他，还亲自开车送他回家！能够被学生这样记住一辈子，必定是一件十分幸福的事！

周一例会上，我向全体老师分享了这个故事。我想应该能够起到引领、示范和唤醒的作用。教育需要耐心、细心，更需要爱，而不是简单、粗暴。

我一直用这样一种理念去对待每一个杨中孩子！真心付出，就一定会有回报，前天我就收到了毕业班 145 班的一份珍贵礼物，一个装有我相片的精美相框“感恩老师的谆谆教导”，还附了一张字条，上面写着——敬爱的刘老师：毕业季，我们脑海中总有您在讲台上胸有成竹、侃侃而谈的样子。您这一年来对我们的教诲我们都看在眼里，记在心里，没齿难忘！最后，要对您说一声谢谢，谢谢您，刘老师！——145 班全体同学。

六、合作办学，让家校关系更和谐

合作办学不仅是给杨中的师生带来了改变，也给家长留下了美好的印象。借用江声家长学校经验，杨中在这个学期成立了自己的家长学校，组建了第一届家长委员会，邀请家长积极参与到学校活动中来。在中考动员大会上一位家长的发言特别表达了对合作办学的感言：

“近年来，江声实验学校和杨嘉桥中学合作办学后，学校的设施、环境、教学都有了很大的改善。有杨中学子游学江声，孩子们手拉着手走进江声学校，体验江声校园活动，还有江声学校向杨中学子捐赠的校服、图书、书柜等等，让孩子们收获了友谊，增进了师生情。其中，最让孩子们体会到的是怎样去寻求自己的求学之路。现在杨中的孩子们学习气氛浓浓的，孩子们在学习上你追我赶，老师们在工作上兢兢业业，我们的杨中正在突飞猛进，拥有美好未来！”

合作办学带来的是优质资源的无限输送、教育理念的示范引领！

合作办学带来的是杨中师生的改变与成长！

合作办学带来的是社会、家长的认可！

而我作为江声与杨中合作办学的践行者，积极做好了桥梁、纽带的作用！时间即将到点，但合作办学的桥梁永在！

谢谢江声给予我和古塘桥中学最美好的遇见，感谢 173 班所有可爱的孩子及最美的贺老师。

湘潭江声实验学校@锦石中学 2019 年下学期 合作办学支教工作方案

为深入贯彻落实《教育部关于大力推进城镇教师支援农村教育工作意见》精神，促进县内教育均衡发展，不断加强校际交流，实现优势互补，促进教师共同成长，根据县教育局相关规定及我校实际情况，特制定本方案。

一、领导小组

指　导：陈永红　　组　长：刘金城

副组长：彭志伟

成　员：赵勇毅、刘卫华、贺友根、吴力光、武伏文、赵文

二、江声 13 位支教老师名单

政治 2 人：张熔锋、陈煌　　语文 2 人：盛　也、李雪梅

数学 1 人：崔嘉妮　　英语 2 人：何珍珍、邓静敏

生物 1 人：胡译文　　地理 1 人：周烁勋

物理 1 人：谭　媛　　化学 1 人：向宇

体育 2 人：张琳劼、刘贝

三、支教学校及具体安排

1.支教时间：2019 年 9 月—2020 年 1 月

2.具体课程安排

锦石中学：13　人　　负责人：刘　贝（江声）、赵勇毅（锦石）

江声老师	科目	任教年级	支教时间	节次	班级	锦中对接老师	联系电话
张熔锋	政治	7	周一下午	5	1904	彭志伟	13762222754
何珍珍	英语	7	周一下午	5	1902	罗敏	15173237628
谭　媛	物理	9	周三下午	5、6	1701 1702	周利芳	13637329189
向　宇	化学	9	周三下午	6、7	1704 1701	徐进	13574056501
刘　贝	体育	9	周三下午	6、7	1802 1703	易倩、赵勇毅	13873224388
陈　煌	政治	9	周四下午	7	1702	武伏文	13574070624
盛也	语文	7	周四下午	5	1901	黄淑兰	13873207982
崔嘉妮	数学	9	周四下午	6	1702	杨鋆	15200836540
邓静敏	英语	9	周四下午	5	1702	曾巧	18273237607
周烁勋	地理	7	周四下午	6	1901	冯红梅	13786232754
李雪梅	语文	8	周五上午	2	1801	孟倩	15111215851
胡译文	生物	8	周五上午	3	1801	吴秋辉	13973222889
张琳劼	体育	8	周五上午	4	1802	易倩	18473951505

17

四、受支教工作要求

1. 热情接待支教老师，做好上课衔接工作。

2. 对接老师主动与支教老师联系，落实课程进度，学情反馈，为支教老师备课、组织课堂、确保教学效果提供帮助。

3. 由教务处主体负责做好衔接工作。

4. 我校对应学科老师要求主动听课学习，主动与支教老师交流，对接老师务必全程参与支教活动。

5. 我校听课老师和学生将对支教老师的课给予评价和反馈。

五、课程调整情况

1902 班星期二第五节调为英语课，周三第四节调为体育课

1802 班星期三第六节调为英语课，星期五第四节调为体育课

1703 星期三第七节调为体育课

1702 星期四班第三节数学调为物理课，下午第六节物理调为数学课

1801 星期五班第三节调为生物课，第六节调整为数学课

锦石中学

2019 年 9 月 10 日

锦石中学与湘潭江声实验学校合作办学活动方案

(9.12)

为了贯彻落实相关文件精神，全面实现江声优质教育资源的共享，快速提升锦石中学的管理、教育教学水平，方便与江声学校资源对接，现制定合作办学提升方案，具体安排如下：

一、组织机构

组　长：刘金城　　　　副组长：彭志伟

组　员：全体行政人员、教研组长、部分组员代表

二、活动流程（9 月 12 日　星期四）

合作学校	行政人员	教研组长	合计人数
江声中学	47	13	59
锦石中学	10	9	19

时　间	具体安排	地　点	江声负责人
08: 00—09: 30 （第 1、2 节）	行政会议	办公楼四楼	刘　辉 杨　剑
9: 30—10: 40 （大课间、第 3 节课）	行政人员、教研组长备课组长交流	办公楼四楼一会议室、备课室	杨　剑 周欣荣
10: 50—11: 30 （第 4 节课）	听课	各教室	张　颖 周欣荣
11: 50	中餐	教工食堂	胡云磊 左铁军

三、具体工作

1. 用车：统一乘坐租用中巴车；在易俗河的老师早上 7: 40 前赶到江声学校门口集合，从锦中出发的老师请于早上 6: 40 赶到学校门口统一乘车。

2. 活动摄影及宣传报道（负责人：周凌志）

3. 结对交流活动、听课安排：

（1）下第二节课所有教研组长、备课组长到对应的地点进行结对交流，交流地点安排：语（403）、数（405）外（406）、物化（407）政史（408）、地生（409）、音体（410）、美信（411）。

19

（2）请老师们认真学习，虚心请教，做好听课和业务笔记，写好心得体会。

4. 在校值日行政：阳国锋、符建平

5. 树立锦石中学教师良好精神风貌，特别注意当天为“创国卫”工作检查。

四、行政人员结对交流

部门	江声学校	锦石中学
党委副书记	刘　辉	刘金城、彭志伟
教学副校长	张　颖	赵勇毅
德育副校长	蔡志平	刘卫华
后勤副校长	胡云磊	贺友根
工会主席	张　琦	吴立光
教务主任	周欣荣	武伏文
德育主任	张赞湘	徐　进
团支部书记	胡趣思	周凌志
总务处主任	周立春	赵　文
	10 人	10 人

五、教研组长组长结对

科目	江声中学	锦石中学
语文	周凤、马蓉、郭海龙、唐德胜	阳滋项
数学	周香、李　兴钱丹霞、谢剑	杨鋆、王英
英语	邓金梅、周利瑜 刘　赞	张燕、严艳斌
政治	肖露珊、王　丽、肖争乾	
历史	刘曼妮、刘伟、王艳	阳建新
地理	张　琪、卿奥思	
生物	刘小香、李思	吴秋辉
物理	赵　欢、吴轶红	周利芳
化学	彭娜	
音乐	赵　敏	
体育	刘　贝、章　冯、姜　瑜	蔡湘辉
		9 人

锦石中学

2019 年 9 月 8 日

江声合作办学学校来校听课安排

（2019年9月12日·星期四）

科　目	执教者	学生来源	节　次	上课地点
语　文	王丹蕾	C1713	第四节	第四教学楼三楼C1713
数　学	王　坚	C1721	第四节	第四教学楼二楼C1721
英　语	贺　茜	C1726	第四节	第四教学楼一楼C1726
道法	陈　煌	C1709	第四节	第四教学楼四楼C1709
历　史	黄红娟	C1722	第四节	第四教学楼二楼C1722
物　理	谭　媛	C1710	第四节	第四教学楼四楼C1710
化　学	吴　波	C1719	第四节	第四教学楼二楼C1719
地　理	胡繁荣	C1831	第四节	实验楼二楼C1831
生　物	杨冠群	C1828	第四节	科学馆二楼C1828
音　乐	刘思婷	C1833	第四节	综合楼五楼音乐教室
体　育	黄红果	C1729	第四节	田径场
信息技术	兰　贞	C1824	第四节	图书馆四楼机房
美　术	熊诗倩	C1829	第四节	实验楼二楼C1829

易俗河镇一中迎接江声中学名师“送教到校”活动实施方案

为提升我校教师的教育教学水平，充分利用江声中学与我校“融合办学”的契机，根据江声“送教团队”和我校工作的整体安排，将定于本学期10月17日在我校开展初中七年级语文等六门课程“送课到校”和研讨交流活动，为确保此次活动开展得扎实有效，学校教师发展中心特制定具体活动实施方案如下：

一、指导思想

以”送课到校”活动为载体，进一步深化课程改革，更新教育理念，全面实施素质教育，全面提高教育教学质量，充分发挥优秀教师送课到校的示范引领作用。通过送课教师送课、课后互动研讨、教师之间相互取长补短，共同提高处理教材、设计教学流程、驾驭课堂等专业能力，并以此为契机，加快提升我校教师队伍教学和教研能力。

二、领导机构

组　长：刘镔

副组长：罗芳阳　程化虹

成　员：王灿辉　贺银芳　李勇　贺银舜　尹怀芳　彭娟

三、活动时间及安排

1、送课安排

时间	班级	科目	名师	内容	负责人
第一节	1909	语文	段银艳	秋天的怀念	陈贝贝
第一节	1907	地理	卿奥思	地形图的判断	陈变芝
第二节	1903	数学	蕴香平	有理数的混合运算	陈变芝
第二节	1906	英语	朱文湘	U2 SB 2a-2c	刘兰芳
第三节	1905	生物	李恩	动物细胞	刘素芬
第三节	1901	历史	刘伟	百家争鸣	楚惠

2、研讨交流安排

科目	时间	地点	学校负责人	中心发言人
语文	第二节	会议室	王灿辉	陈贝贝
地理	第二节	会议室旁教室	李勇	陈波
数学	第三节	会议室	罗芳阳	陈变芝
英语	第三节	会议室旁教室	尹怀芳	刘兰芳
生物	第四节	会议室	贺银芳	刘素芬
历史	第四节	会议室旁教室	刘镔	楚惠

四、相关工作安排

具体工作	负责者	要求
宣传布置	综合事务中心	电子屏，引导牌、接待室（校长办公室）布置
校园卫生	学生发展中心	组织全校卫生大扫除、教育学生文明礼仪
组织、接待 研讨交流	教师发展中心	组织、接待引导 科目研讨地点安排及布置 各科主持人、中心发言人、记录人、招待人员的安排 活动全程拍照，有条件可录像。
科目接待	各教研组长	引导送教名师到班；组织全体任课教师听课、研讨交流；安排中心发言人、记录者和招待者；组织任课老师写好并收好观课、研讨的心得体会；各个环节安排好拍照的老师（注意照片质量）
班级布置、准备	相应班主任及 任课教师	组织学生做好准备（预习、课前准备） 常态教具准备及教室电子白板设备的使用情况检查 教室的布置（卫生、听课教师的凳子等）
会议室接待 中餐安排	财务中心	接待室准备、中餐安排

五、特别注意

1、请德育处、室长、班主任注意校园、办公室、教室卫生的干净、整洁；注重学生的文明礼仪的教育。（彭娟老师负责）

2、周四上午教师发展中心统一安排送教到班的课程，原课程不作调整。

23

3、相应科目的老师必须调好课准时参加听课和研讨活动，并及时写好学习后的心得体会。

4、班主任及任课老师要为送课老师上课和听课老师听课做好细致的服务工作，如准备常态教学必备的学具、教具、多媒体教室设备的使用情况检查、听课老师的椅子等。

教师发展中心

2019年10月11日

湘潭江声实验学校融合合作办学
行政、教研组长结对交流活动方案

为了贯彻落实相关文件精神，全面实现江声优质教育资源的共享，快速提升七所融合合作办学学校（天易水竹、锦石中学、花石中学、古塘桥中学、严冲中学、较场中学、梅林桥中学）的管理、教育教学水平，方便几所学校资源对接，现制定行政、教研组长结对交流活动方案，具体安排如下：

一、组织机构

指　导：肖正章

组　长：贺振华

副组长：蔡志平　张　频　胡云磊　张　琦　何立军　刘再望　陈　亮　侯周文　外派校长

组　员：全体行政人员

二、活动流程（9月11日　星期五　）

合作学校	行政人员	教研组长	合计人数
江声学校	47	13	60
天易水竹	11	13	24
锦石中学	7	5	12
花石中学	7	5	12
梅林中学	6	7	13
古塘桥中学	6	3	9
严冲中学	6	3	9

时　间	具体安排	地　点	负责人
08:00—09:30（第1、2节）	行政会议	办公楼四楼	杨　剑
10:00—10:40（第3节课）	行政人员、教研备课组长交流	见附表	杨　剑 周欣荣
10:50—11:30（第4节课）	听课	各教室	张　频 周欣荣
11:40	中餐	教工食堂	胡云磊 左铁军
	教研组长午休	实验楼一楼（融合学校）书吧（合作学校）	谭海利
13:30-14:30	教研组建设培训	实验楼一楼	周欣荣
15:10	教研组例会	见附表	张　频 周欣荣

三、具体工作

5. 会务接待工作（负责人：蔡志平、杨剑）

6. 活动摄影及宣传报道（负责人：张琦、周玲）

7. 结对交流活动、听课安排（负责人：张频、周欣荣）

8. 食堂开餐：10围桌（负责人：胡云磊、左铁军）

9. 校园、寝室环境，车辆停放（湘莲大道）（负责人：蔡志平、张赞湘、周军）

10. 图书馆、书吧、地理园等场地参观（负责人：周欣荣）

11. 各教学楼环境、师生良好精神风貌（负责人：刘再望、陈亮、侯周文）

26

四、行政人员结对交流

部门	交流地点	江声中学	天易水竹	锦石中学	花石中学	古塘桥中学	梅林中学	严冲中学	较场中学
教学副校长	办公楼四楼会议室	张　频	陈　婧	赵秀毅		罗　文 刘碧文		左　慧	赵靖良 肖　杰
教务主任		周欣荣	张志成	武伏文	胡　婷	张　宙	官　学	左　慧	赵靖良
教师发展中心		郑国庆	宾冬青						
德育副校长	实验楼一会议室	蔡志平	汤永存	刘卫华		凌富强	罗　艳	严　峰	彭　程
德育主任		张赞湘	赵晓云 刘晟 陈少波		王振林			严　峰	彭　程
团支部书记		胡赐思	邓继清	周凌志	赵寅璋				
后勤副校长 总务主任	办公楼接待室	胡云磊 周立春	程化虹	赵文	胡迪军 胡婷	刘孤满	谭燕	王亮	赵新辉
工会主席		张　琦	唐长海	吴力光	刘铁军		刘英姿	王彦文	杨文艺
办公室主任		杨　剑	郭　律		韩畅		刘英姿		

27

五、教研组长结对

科目	交流地点	江声中学	天易水竹	锦石中学	花石中学	古塘桥中学	梅林中学	严冲中学	较场中学
语　文	405	郑海龙	官佳美	阳逆琐	杨文权	宾春华	陈喜华	陈湘	盛恬
数　学	406	周　香	何国辉	刘翠	贺双会	谢蔚群	赵爱民	颜高峰	陈巧林
英　语	407	邓金梅	戴海波	罗敏	赵凌云	王　静（综	刘江波	李婷	谈慧
物　理	408	赵　欢	胡彩霞		赵纯		刘永湘	颜高峰	王倩
化　学		彭　娜	唐建霞				罗秀	颜高峰	刘芳
道德与法治	409	肖露娜	林立韬				成利专	陈湘	盛恬
历　史		刘曼艳	唐艺红		陈奇		罗昆	陈湘	陈巧林
地　理	410	张　琪	冯小霞				谭燕	陈湘	刘芳
生　物		刘小香	刘艳	吴秋辉			刘素芬	颜高峰	
体　育	411	谢佳龙	石春林	易湘辉				李婷	
音　乐		赵　敏	王丽					李婷	
美　术		邓　丽	肖锦琮					李婷	
信息技术		陈　兵	陈央					李婷	

湘潭江声实验学校

2020年9月9日

欢迎您走进湘潭江声实验学校！

江声融合·合作办学学校来校听课安排

（2020年9月11日·星期五）

科　目	执教者	节　次	上课地点
语　文	周　凤	第4节	实验楼会议室C2035
数　学	周　聪	第4节	办公楼大会议室C2036
英　语	曾宇欣	第4节	第四教学楼C2008
物　理	周金元	第4节	第一教学楼C1913
化　学	杨　兰	第4节	科学馆C1834
道德与法治	王　凯	第4节	科学馆C1802
历　史	张　慧	第4节	实验楼C1825
地　理	刘浩文	第4节	第二教学楼C1927
生　物	陈艳湘	第4节	第四教学楼C2019
体　育	胡　露	第4节	科学馆C1829
音　乐	赵　敏	第4节	科学馆C1819
美　术	刘元程	第4节	第四教学楼C2017
信息技术	陈　樱	第4节	图书馆机房C1923

提示：请对应班级的班主任提早准备好10条（语数英15条）座凳并摆放在教室后面！

江声融合合作办学学校教研组例会安排表

教研组	地　点	召集人
语文	办公楼四楼会议室	鄢海龙
道德与法治	第四教学楼 2015 班	肖露珊
数学	第四教学楼 2016 班	周　香
英语	第四教学楼 2021 班	邓金梅
历史	第四教学楼 2022 班	刘曼妮
物理	第四教学楼 2023 班	赵　欢
化学	第四教学楼 2024 班	彭　娜
地理	第四教学楼 2025 班	张　琪
生物	第四教学楼 2026 班	刘小香
音乐	第四教学楼 2027 班	赵　敏
美术	第四教学楼 2028 班	邓　丽
体育与健康	第四教学楼 2029 班	谢佳龙
信息技术	第四教学楼 2030 班	陈　兵

江声·融合学校·合作学校
班主任结对启动仪式

为了全面实现江声优质教育资源的共享，快速提升融合、合作学校的教育教学水平，方便两校资源对接，特开展班主任结对交流活动。

一、领导小组

指　导：肖正章

组　长：贺振华

副组长：蔡志平　张　频　胡云磊　张　琦　何立军
刘再望　陈　亮　侯周文　外派校长

组　员：全体行政人员

二、活动流程

主持人：蔡志平

1. 08: 00-0-08: 20 参观寝室
2. 08: 30 肖正章董事长讲话
3. 江声班主任代表发言（周华）
4. 融合、合作学校班主任代表发言（花石中学 胡逸 ）
5. 09: 20-09: 30 茶歇
6. 09: 30-10: 30 班管经验分享（陈艺）
7. 10: 40 进入班主任办公室和对应教室进行实地交流
8. 11: 30 中餐

三、启动仪式时间

10月 16日（周 五）上午

四、启动仪式地点

办公楼四楼会议室

五、结对安排表

江声·天易水竹

年　级	天易水竹学校	江声学校
九年级	C1808 罗丙辉	C1808 唐顺和
	C1809 杨　可	C1825 张　慧
	C1810 陈亚芳	C1827 林芳群
	C1811 谭新良	C1828 吴铁红
	C1801 彭玉兰	C1801 李　兴
	C1802 唐艺红	C1803 李建光
	C1803 陈梦霞	C1809 蔡　芳
	C1804 李　勇	C1812 盛　意
	C1805 戴秋香	C1836 罗　果
	C1806 彭赛琼	C1829 张兰英
	C1807 周　俏	C1813 李　军
八年级	C1901 李　瑛	C1901 周利瑜
	C1902 胡胜余	C1935 尹　利
	C1903 刘建波	C1903 黄　灿
	C1904 李　馨	C1904 肖育红
	C1905 刘希玉	C1905 熊学锋
	C1906 曾璨林	C1906 贺佳佳
	C1907 冯小霞	C1907 林敬聪
	C1908 林　聪	C1908 赵延铁
	C1909 章　琴	C1910 周　俏
	C1910 左奇志	C1915 周盼君
七年级	C2001 谭　丹	C2001 冯树双
	C2002 徐　平	C2003 彭子涵
	C2003 刘　晟	C2004 罗　娟
	C2004 杨　幸	C2006 蒋　顺
	C2005 胡明星	C2007 彭辉红
	C2006 李永东	C2008 王　茂
	C2007 王利华	C2011 曾　平
	C2008 赵　佳	C2012 吴声云
合计	29 人	29 人

江声·花石

年级	花石中学	江声学校
九年级	C228 胡永赞	C1834 曾朝霞
	C229 陈　奇	C1806 罗美玲
	C230 苏　珍	C1816 肖清梅
	C231 胡　冰	C1811 胡永红
	C232 蒋仕琪	C1814 郭春伟
八年级	C233 胡　丹	C1938 周　华
	C234 胡　阳	C1912 赵　英
	C235 徐若澜	C1927 黄雄军
	C236 胡　逸	C1914 张美文
七年级	C237 赵凌云	C2013 贺震宇
	C238 刘　瑶	C2014 刘双平
	C239 王振兴	C2027 吴学红
	C241 彭　稀	C2018 袁梦依
合计	13 人	13 人

江声·锦石

年级	锦石中学	江声学校
九年级	C1801 阳国锋	C1819 陈　珍
	C1802 周利芳	C1822 相恒杰
	C1803 王　英	C1831 胡柏榆
	C1804 徐　进	C1823 伍利敏
八年级	C1901 黄淑兰	C1928 盛　也
	C1902 赵必胜	C1936 刘大鹏
	C1903 吴秋辉	C1909 胡江平
	C1904 石　江	C1902 胡　焕
七年级	C2001 文　汶	C2020 陈　璐
	C2002 潘　倩	C2021 尹　艳
	C2003 阳溢项	C2036 胡双雪
	C2004 杨　鋆	C2039 李金龙
合计	12 人	12 人

江声 · 古塘桥

年级	古塘桥中学	江声学校
九年级	C170 谢裔群	C1805 唐丽娟
	C171 杨　娜	C1810 余　游
八年级	C172 贺金华	C1931 周双辉
	C173 何飞球	C1921 赖　尔
七年级	C175 彭　珊	C2025 蔡　萍
	C176 胡慧玲	C2026 彭　韬
合计	6人	6人

江声 · 梅林桥

年级	梅林桥中学	江声学校
九年级	C109 楚　惠	C1833 刘　超
八年级	C112 刘素芬	C1934 蔡虹瑛
七年级	C113 何正霞	C2032 马晓燕
合计	3人	3人

江声 · 严冲

年级	严冲中学	江声学校
九年级	C154 李　婷	C1835 张竹青
八年级	C156 刘　佩	C1919 许秋兰
七年级	C157 陈　倩	C2016 刘镇帮
合计	3人	3人

江声 · 较场

年级	较场中学	江声学校
九年级	C136 陈巧林	C1815 石春林
	C137 王　倩	C1837 张巧平
八年级	C138 盛　恬	C1937 罗佳嘉
	C139 汤金娥	C1932 陈　婕
七年级	C140 陈利华	C2029 唐紫钰
	C141 朱自平	C2028 刘争光
合计	6人	6人

六、具体工作

12. 会务接待工作（负责人：蔡志平、杨　剑）

13. 活动摄影及宣传报道（负责人：张　琦、周　玲）

14. 结对交流活动（负责人：蔡志平、谭海利）

15. 结对班级的安排及参观寝室（负责人：蔡志平、张赞湘）

16. 食堂开餐：教工食堂自由打餐（负责人：胡云磊、左铁军）

17. 江声校园、寝室环境，车辆停放（湘莲大道）（负责人：蔡志平、张赞湘、周　军）

18. 图书馆、书吧、地理园等场地参观（负责人：张　頫、周欣荣）

19. 各教学楼环境、师生良好精神风貌（负责人：刘再望、陈　亮、侯周文）

湘潭江声实验学校

2020年10月12日

湘潭江声实验学校、锦石中学、花石中学手拉手校园体验活动

工 作 安 排

一、领导小组

指　导：肖正章

组　长：贺振华

副组长：蔡志平　张頫　胡云磊　张琦　何立军　刘再望　陈亮　侯周文　刘金城　莫国强

组　员：全体行政人员

二、时间

11月17日　星期二

三、体验交流流程

1. 7:30—8:00

参观校园

锦石中学C2001、C2002、C2003、C2004参观校园路线：青年广场——四教学楼——田径场——地理园——五公寓——图书馆——办公楼（引导员：彭香）

花石C237、C238、C239、C241参观校园路线：青年广场——科学馆——生活服务大楼——图书馆——四公寓——地理园——田径场——办公楼（引导员：马桢）

2. 8:10办公楼四楼看江声宣传片及新闻

3. 8:40励志教育（办公楼四楼，主持：蔡志平）

①肖正章董事长讲话

②锦石中心校校长陈永红、花石中心校校长谭冰封讲话

③江声学生励志演讲（学生代表：1937蒋欣怡　指导老师：唐艳）

④锦石、花石中学学生代表演讲（……

⑤锦石中学刘金城校长、花石中学莫国强校长讲话

4. 9:30青年广场集合进行江声课堂体验（3、4、5、6、7节课、文体活动课）

5. 江声对接的学生带锦中、花中对应的学生到食堂就中餐和晚餐。

6. 17:00集合返程。

四、具体安排

1. 接待组：

组　长：蔡志平　　副组长：杨　剑　谭海利

组　员：办公室工作人员

要　求：来客接待、会场准备、联系座大巴车（锦中需要183个学生+10个老师+刘校=194个座位，花石164个学生+8个老师+莫校需要173个座位）

2. 励志教育活动组：

组　长：蔡志平　陈　亮　　副组长：张赞湘

组　员：德育系统工作人员

要　求：人员安排、组织协调、演讲指导、秩序卫生、文明礼貌。

3. 课程安排组：

组　长：张　頫　　副组长：周欣荣

组　员：教务系统工作人员

要　求：督促老师们精心备课、用心授课。

4. 后勤组：

组　长：胡云磊　　副组长：周立春　左铁军

组　员：后勤、食堂工作人员

要　求：①负责插班生课桌、凳；年级部安排相应班级学生将课桌凳提前搬至教室；②负责用餐；江声对接的学生带锦中、花中对应

的学生到食堂就中餐、晚餐。

5. 交通保卫组:

组　长：蔡志平　　副组长：周　军

组　员：保卫处工作人员

要　求：车辆指挥及安全保卫。

6. 摄像报道:

组　长：张　琦　　副组长：周玲

组　员：新闻信息工作人员

要　求：拍摄、报道。

五、锦中、花中学生对应安排表

注：请七年级部组织相应班级的一名学生于 9：35 举班牌到青年广场接对应的锦中、花中学生到班级上课，将班牌按安排的班级顺序摆好。

1. 锦石七年级:

2001 班 42 人、2002 班 45 人，2003 班 46 人，2004 班 50 人，共 183 人

江声班级	锦石班级	锦石学生姓名	锦石责任老师	江声老师	江声对接学生姓名
2001	C2001	周鑫羽 冯澳轩 欧阳文权 谭国梁 韩廷煜 赵新雨 唐伟宸 胡文俊 曾魁阳	文汶	冯树双	丁俊诚、雍尚东、陈奕吉、 刘运佳祺、杨晨晨、赵子钧、 余晓宁、赵子涵、刘炯辰
2002	C2001	胡政涛 陈佑聪 欧阳志豪 刘智超 赵鑫熠 欧阳鑫浩 冯禎浩 王宇轩 欧阳锦威	文汶	徐文娟	刘茜瑞、黄科、叶曦敏、 苏思予、王心于、陈家和、 文锦翼、卢俊成、雷奕妍
2003	C2001	谭云飞 胡卓毅 欧阳鑫智 谭　言 刘新阳 周子强 廖子鑫 王坤宇 谭慧媛	文汶	彭子涵	邓柏纶、杨斐涵、冯紫怡、 谭维维、周晓彤、朱敏、 葛思捷、易锦涵、谷雨錡
2004	C2001	蔡文昊 冯龄瑶 欧阳铱蕾 蔡灿雨 郭　格 周艳华 罗思怡 欧阳倩 欧阳奥	胡芬芳	罗　娟	彭千芮、蒋芸鑫、陈屏渝、 袁诚运、林潇、唐纹萱、 刘想、贺浩轩、刘晨伟
2005	C2001	陈　诺 谭思仪 徐纤媛 龙梦瑶 赵煊赫 王　莉	胡芬芳	唐　爽	段又菲、金浩哲、龙彤懿、 刘晨轩、楚慧羽、杨仁杰
2006	C2002	陈培文 陈思纯 陈泽东 冯俊龙 冯　钰 何思颖 贺嘉良 胡思炜 胡文瑾	潘倩	蒋　巅	马奥锴、胡芮涵、刘晨森、 李羽玲、邹天译、曹梓鹏、 李祉擎、谭思卉、谭昕琳
2007	C2002	胡欣宜 胡　炫 黄家豪 刘　爽 刘　萱 刘永杰 刘卓逸 欧阳博华 欧阳坦彬	潘倩	彭文馨	马梓涵、吴喆杨、周绮璇、 罗梓妍、周方卓、唐昊晴 郭雯雯、谭庆兵、彭睿馨
2008	C2002	欧阳杰 欧阳天瑞 欧阳亚星 欧阳文杰 欧阳逸 欧阳运强 苏子轩 谭广成 唐林超	潘倩	王　茂	王若萌、刘思哲、张乐恬、 胡家荣、袁康隆、贺　顺、 马一凡、王思又、谢天乐
2009	C2002	王楚涵 王响奥 王欣怡 周自怡 王歆钰 王梓宇 黎湘琪 严语宸 杨海量	刘翠	王　婷	杨子妍、赵心灵、郭梓浩、 雷榕萱、汤依婷、谢宁颖、 谭雯子、郭诺梵、刘思逸
2010	C2002	俞赫鹭 赵珂馨 赵　桢 周笃辉 周文博 周宇婷 周钰星 肖俊杰 周远娇	刘翠	董　滢	陈炫莹、李佳润、王赛权、 武新朴、陈昕钰、谢宇轩、 彭梓涵、刘雨菲、陈昕钰
2011	C2003	蔡林馨 陈镜芳 冯静颖 傅筱钰 贺锦峰 胡灿清 胡芊艺 胡欣妍 胡宇涵	阳益项	曾　平	娄睿娴、杨东逸、张乐、 王耀彬、颜铭越、彭栩妍、 刘响、戴鸿燊、陈锦鸿
2012	C2003	蒋祎婧 刘栎洁 欧阳梓强 刘梓钰 罗子铭 欧阳欣如 彭锦文 康新萌 欧阳铮仁	阳益项	吴声云	刘宸铭、杨雯涵、杨奕涵、 周姿彤、刘嘉睿、谢翰林、 王昊轩、张子婧、李凡冰
2013	C2003	彭文锦 谭奥军 谭佳龙 谭柯欣 谭梦婷 谭同乐 周可盈 谭雅凡 谭钰馨	阳益项	贺震宇	冯壤宇、罗凯文、彭龄萱、 陈梓鑫、谭丁铭、欧阳舒捷、 康沐川、葛涵颖、郑欣然
2014	C2003	谭展鹏 肖旺鑫 徐　烨 唐曦雯 王灵杰 吴炜杰 周若琳 徐怡健 严语宸	阳建新	刘双平	唐可扬、李雪怡、张诺涵、 刘　畅、龙紫艳、陈梓铭、 郭梓涵、彭诗雅、付　珍
2015	C2003	杨爱珍 杨桂林 张梓妍 周诗茜 张凯曦 张可昕 赵涵卓 赵佳艳 赵艺萌 周璟慧	阳建新	张　蕾	田璐瑶、熊筱瓊、颜子茜、 李梓涵、孙竞航、许文涛、 杨嘉羽、张璀寒、罗梓宸、 王迅崚
2016	C2004	宾米之 杜弘焰 樊彦卓 冯柏儒 冯锦柱 冯凯明 贺奥云 胡锦军 黄棠炎	杨鎏	刘镇裙	龚祺涵、刘佳辉、宋允哲、 曹玉衡、彭治杰、朱用文、 曾妍、王宇妍、金千又
2017	C2004	黄　琳 黄　茁 巢懿鑫 刘东珍 刘金华 刘婷婷 刘永超 刘宇橙 罗锦贇	杨鎏	沈　欢	张曦文、胡好、刘于茜、 朱柯冰、谢闻翀、胡哲睿、 沈子洛、张欣怡、李天昊
2018	C2004	罗希雅 麦韩勇 欧阳尚清 欧阳贤宇 欧阳欣怡 彭锦峰 欧阳宇鑫 谭美伶 谭万里	杨鎏	袁梦依	游傲雪、唐嘉怡、颜玄宇、 胡禹卓、胡容馨、宋周瑾、 姜乐怡、陈德智、谭翌朗
2019	C2004	施安娜 谭　皓 欧阳梓燕 谭锦新 唐奥婷 唐嘉媛 唐洁瑜 唐可涵 唐欣蕾	贺秀芝	熊艳湘	刘宥仪、欧阳月星、马奥博、 范心田、陈柔谛、罗琮壹、 谭亦卿、王滕语、蒋李宣
2020	C2004	王锦禾 王　璐 王晓诺 王　璇 徐石银 徐银敏 周　梓 张泽文 赵晓轩	贺秀芝	陈　璐	吴禹伦、宋铭洋、刘佳尚、 李嘉敏、欧阳汐玥、张译丹、 周子川、罗宇健、李林烨
2021	C2004	张圣涵 赵雪凝 郑力元 周　爽 周宇轩	贺秀芝	尹　艳	易玫君、郭宸佑、郭玥兮、 李城铭、罗翊宁

2. 花石七年级:　237 班 41 人、 238 班 43 人，239 班 39 人，241 班 41 人，共 164 人

江声班级	花石班级	花石学生姓名	花石责任老师	江声老师	江声对接学生姓名
2022	237	张文远 刘佳锦 胡雅洁 杨懿如 黄子颖 刘玉彬 胡　悦 胡靖瑶 冯俊杰	赵凌云	唐德胜	李蕊亦、赖睿涵、徐美玲、 成文龙、张瑞家、黄文琮、 谢希瑞、沈子睿、尹思成
2023	237	樊杨钰 贺校鹏 左曾杰 刘鑫怡 王海洲 胡金浪 彭佳欣 王祺鑫 刘湘楠	赵凌云	马伟儒	吴浩萁、马忆琦、吴玥曦、 石欣怡、肖峻锡、王玺铭、 张钰涵、陈锦致、刘迪祯梓
2024	237	欧燮霞 何心宇 陈俊豪 徐　丹 胡　圆 易南茜 陈滑豪 谭家祥 贺弼雅珍	赵凌云	周国庆	周荣轩、周奥成、唐诗桄、 周雅静、陈雨阳、汤可馨、 张蓝兮、谭悦影、刘昕芸
2025	237	陈　娜 胡　优 罗　威 胡轩豪 彭雅钰 刘知熠 胡睿希 胡彦姿 胡锦鹏	赵冀璋	蔡　萍	朱思源、赵辰晨、余咏珈、 陈冠文、赵霈岚、左旭、 杨逸、罗名赫、康俊哲
2026	237	胡永光 刘　好 贺海星 王宇翔 刘梓歆	赵冀璋	彭　韬	崔圣昕、肖紫宜、赵欣怡、 苏贞嘉、王依涵
2027	238	周星宇 樊　垚 肖博文 刘　倩 王秀彬 王添锦 夏鑫程 黄欣宇 陈逸娟	刘　瑶	吴学红	方佳乐、成思睿、朱泓宇、郭来宜、徐子涵、章栩萱、刘乐萱、刘子萱、罗双祎
2028	238	赵伟鑫 彭　曾 谭欣怡 赵　楠 宾婉婷 刘荟欣 徐宇航 施登辉 王　炜	刘　瑶	刘争光	王思博、陈奕璇、戴昕钰、 李灿、周钰钧、刘力诚、 刘丞熙、吴靖茵、冯添翼
2029	238	刘奇胜 姜　慧 吴熙乐 王慧琳 胡文韵 王伟润 贺雨欣 贺倩男 吴依琴	刘　瑶	唐紫钰	黄琢钰、马奔、刘文博、 卜子若、马烨昕、唐梦馨、 王颖莹、周子健、刘紫仪
2030	238	肖文轩 何　鹏 胡双艳 刘梦萌 赵恒睿 姜永佑 马彬炫 胡宇璨 陈京运	李长珍	谢晓培	李家晖、彭何毅、肖瑶、 肖恺然、刘昕婷、赵文渊、 冯菁、胡卓龙、危笑
2031	238	贺佳幸 王子涵 胡梭杰 胡思怡 陈千慧 赵沛帆 赵　帅	李长珍	刘　理	钟茗扬、谢东宏、彭嘉译、 唐宇卓、姜中奥、喻星潼、 宋彧萱、唐钰鑫、李玲
2032	239	胡天宇 王争志 胡雅俊 胡智勇 贺文娟 陈磊鑫 胡可容 赵志斌 程豪康	王振兴	马晓燕	钟艺桢、许畅、孙含乐、 邓子玥、刘奥轩、戴子卓、 吴梓浩、王稀瑶、李柯豪
2033	239	陈甜甜 赵　健 陈威豪 胡攀宇 彭歆芸 胡星辰 姜扬梓 陈嘉棋 赵宇萱 梁鑫涛	王振兴	谭　妍	尹文祥、陶雨嫣、李一诺、 刘丞宇、何小奥、张家熠、 左颈文、罗家奥、谢程文、 唐思纯
2034	239	胡星辰 董晓可 邓佳颖 姜正寅 姜天骐 王嘉琪 胡欣怡 冯子达 王世锦 魏　爽	刘宇轩	楚　依	周韵朵、许浩远、马鑫源、 陈语涵、赵文雨、戴铭宏、 颜子钰、彭锦语、易钰润、 凌志强
2035	239	马俊熙 程　湘 周双全 徐志佑 胡若灵 胡畅宇 冯一帆 王鹏杰 胡雅仪 胡梓强	刘宇轩	周智慧	李彦宏、董展均、张纯菲、 贺煜、李卓萱、崔艺馨、 陈可馨、彭哲伟、郭芷嫣、 冯奥
2036	241	刘嘉鑫 徐婧婧 谭紫云 贺乐豪 杨智威 胡文涛 唐国富 吴语馨 付铭轩	彭　稀	胡双雪	易妍汐、彭露萱、汤明达、 王裕杰、陈慕蓉、张获凡、 杨绮璇、戴晓昱、孙佳乐
2037	241	程金浩 谭琇文 王梓涵 陈金龙 赵鑫宇 彭瑞琪 胡文杰 胡　鑫 胡雨涵	彭　稀	林家豪	苏天成、李睿熙、朱雅昕、 谭可欣、陈婕瑜、王溪涵、 何嘉鑫、邓思韵、任孜昕
2038	241	刘鑫兰 胡　兴 赵宇轩 彭奥孝 邓志博 徐敏阳 施博勇 胡依唯 董昊楠	彭　稀	何省平	陈祥云风、尹思远、杨若愚、 喻昊凡、陈奕孚、郭宇熙、 陈熹砺、张灵沁、陈彦达
2039	241	赵林杰 彭瑞莉 姜　皓 程浩瑜 张嘉怡 胡勇强 刘思雅 赵福凯 林　诚	王正庚	李金龙	罗梓懿、王阳畅、钟宇轩、 蔡依铃、缪雅婷、罗祥芸、 杨逸凡、周尚铎、罗文锴
2040	241	胡芸菲 彭智琪 曾思萌 李　帅 龙芊芊	王正庚	曹　琪	欧阳晨、汪鑫、刘依 唐萌、陈中州

湘潭江声实验学校　锦中　花中

2020 年 11 月 11 日

江声2018班“手拉手 同进步 共成长”活动方案

为贯彻落实学校举措，通过“一对一”帮扶活动，引导同学们“团结协作，共同成长”的良好风尚，构建社会主义和谐做出积极的贡献，展现江声实验中学良好的精神面貌，在班主任和家委会的组织下开展此次活动：

一、活动背景

通过与湘潭县花石中学241班，一对一帮扶活动，引导孩子们为他人、为社会献一份真诚，献一份真情。

二、活动主题：手拉手 同进步 共成长

三、活动前期准备：

1. 爱心筹款：由家委会组织全班同学和家长自愿捐款，数额不限，也不公布，捐款所得以及开支情况公开透明，最终在班级群公布。本次捐款主要用途如下：

（1）初步计划设立帮扶班级助学金和奖学金，资助贫困生胡同学（1000元），奖励班级成绩排名前5的学生每人200元，6-15名的学生每人100元。最后方案由袁老师和花石中学241班主任决定。

（2）捐助体育器材：乒乓球5副、篮球3个，羽毛球5副，长跳绳5根、短跳绳10根等（约500元）。

（3）送帮扶班级41个孩子每人一份零食（约410元）。

（4）剩余爱心款将作为花石241班教育基金，由班主任负责管理。

2. 开展两班文娱活动。

3. 请每个同学准备一份小礼物和课外书赠送给友谊结对同学。

四、活动流程：

1. 活动时间初步定为12月14日，中午12点30分中餐后出发，路程时间为60分钟，预计1点30到达。

2. 双方班主任讲话（1：30—1：50）

3. 由2018班班主任及家委会代表赠送物资并拍照（1：50—2：00）

4. 两班孩子互动及赠送礼物（2：00—2：20）

5. 开展禁毒知识讲座(负责人：谭人睿妈妈)

6. 开展两班文娱活动，与帮扶班级互娱互乐融为一体。（2：20—3：20）

7. 合影留念（3：20—3：30）

8. 返程（3：30—4：30）

9. 到达学校用晚餐（4：30）

本次活动负责人：班主任袁梦依老师、家委会主任鄢子轩妈妈

帮扶助学活动倡议书

亲爱的各位家长：

罗丹说：“世界并不缺少美，而是缺少对美的发现”。同样，世界并不缺少爱，而是缺少释放爱的契机。爱心无止境，助学见真情。2018班为了深入贯彻落实县教育局城乡学校结对帮扶活动精神，将于12月14日和花石中学241班举行“手拉手 同进步 共成长”活动。

为了让活动顺利的举行，特倡议：

1. 本次帮扶活动为自愿参加，时间为12月14日下午12：30。孩子与家长共同乘坐大巴（学校派车），有时间可以参加帮扶活动的家长请群里报名，为了避免出现遗漏，报名将以接龙的形式，请张皓铭妈妈帮忙登记。

43

2. 爱心助学款以自愿为原则，众人拾柴火焰高，能力不分大小，捐款不分多少，善举不分先后，让我们用殷勤的爱心，热情的双手，为这些孩子撑起别样的天空！

3. 本次活动总负责人：袁老师、鄢子轩妈妈，乘车人员安排由张皓铭妈妈负责、采购由陈德智妈妈和唐嘉怡妈妈负责，摄影由李奥捷负责，宣传由唐少杰妈妈负责，安保由刘图腾爸爸负责。期待大家的大力支持和参与！感谢！

江声2007、08、11、12班——水竹2005、06、07、08班结队活动方案

为深入贯彻落实县教育局城乡学校结对手拉手活动精神，根据我校对示范带头班级的安排，我们江声七年级论坛二组2007、08、11、12班有幸与湘潭县水竹中学的2005、06、07、08班结对共同成长。经与水竹中学学校商定，定于本周五（12月11日）下午放学后，江声2007、08、11、12班根据学生报名确定的12位家长和20名学生，由家委会统一安排车辆，前往水竹中学参与班级结队活动。

活动流程：

一、启动结对仪式

二、汤颂校长致词

三、禁毒知识讲座：

主讲人：湘潭县公安局禁毒大队副大队长田砰，

主题是：《是“毒”还是“渎”》

四、江声与水竹结对班级组队参加联谊活动：

活动一：背夹球比赛

活动二：乒乓球接力比赛

活动三：拔河比赛

五、结对班级分班交流互动，赠送礼物

六、分结对班级集体合影留念

七、活动完满结束，安排回家。

45

活动准备：

江声中学：（曾平老师负责）

1. 分班准备好奖品（如零食饮料等）和礼品（如跳绳、羽毛球拍、军棋等）（各班家委会）
2. 准备好横幅、鲜花（家委会）
3. 联系确定宣传拍照人员
4. 联系讲座内容及安排（家委会）
5. 分组安排好车辆及乘坐人员

二水竹中学：（王利华老师负责）

1. 联系汤校长并确定行程
2. 确定好活动场地；
3. 安排主持人及活动流程
4. 准备好活动器材及场地；
5. 做好车辆引导工作

时间及人员安排：

1. 每班安排至少20人及5名家长参加；
2. 周五（11号）下午12:30集合，12:40乘车去水竹中学；
3. 13:10开始启动；
4. 15:30活动结束，家长带领孩子回家
5. 17:00前，家长在班级微信群里向班主任报平安。

江声·融合学校·合作学校
班主任结对评价方案

为推动湘潭教育优质均衡发展，不断提高融合合作学校班主任队伍的整体素质、管理水平、工作的艺术性和实效性，不断加强班主任之间的学习和交流，确保结对活动落到实处，取得实效，特制订友好班级结对评价方案

一、考核领导小组

指　导：肖正章

组　长：贺振华

副组长：蔡志平　何立军　外派校长

组　员：张赞湘　杨　剑　谭海利　唐　啸

二、考核原则

以学期为单位进行考核，根据考核得分情况，每学期评选出若干对优秀班主任，对其进行表彰奖励，颁发荣誉证书及奖金。

1. 班管经验的交流指导（每交流一次加1分，融合合作学校老师每写一次交流心得加2分）

指导开展日常班级管理工作，每提供一次班主任工作经验交流记录记1分；指导开展主题班会活动，每学期示范设计、组织一次班级主题教育活动，邀请结对班主任观摩记1分；指导帮助设计一次主题班会活动记1分。

指导做好学生思想工作和问题学生转化工作，每提供一次记录记1分。

指导做好与家长联系工作，如家访、开家长会等，每提供一次记录记1分。

指导如何面对和处理棘手问题或突发事件，对学生中常犯、易犯的错误如何防范及应对措施，每提供一次记录记1分。

指导班级文化建设，每提供一次记录记1分。

2. 班级联谊活动的开展

每开展一次联谊活动，有科任老师、部分家长及全班学生参与的记10分。

只部分学生参与的记6分。

编辑了活动美篇的记3分。

3. 外派校长和江声督导室的综合评价

根据班级进步、班主任的班管能力提升、班级文化建设水平及主动学习、请教等情况，进步最快、表现优秀的记8分，一般的记5分，没交流的记0分。

4. 学期结对活动总结

期末，江声班主任上交了一学期以来结对帮扶活动总结的记5分，融合合作学校的班主任上交了一学期以来通过友好结对获得收获的总结记5分。

二、考核等第

考核结果为优秀、合格、不合格，综合评价得分前25对的友好班主任为优秀（必须开展一次联谊活动），奖金每人500元，得分排名在25名后的若干对班主任为合格（必须开展一次联谊活动），奖金每人300元，没开展联谊活动、交流也很少的为不合格。

湘潭江声实验学校

江声·天易水竹

天易水竹学校	江声学校	班管经验的交流指导	开展班级联谊活动得分	美篇得分	外派校长和江声督导室的综合评价得分	学期结对活动总结	总分
C1802 唐艺红	C1803 李建光						
C1804 李　勇	C1812 盛　意						
C1905 刘希玉	C1905 熊学锋						
C1906 曾璨林	C1906 贺佳佳						
C1907 冯小霞	C1907 林敬聪						
C1908 林　聪	C1908 赵延铁						
C1909 章　琴	C1910 周　俏						
C2001 谭　丹	C2001 冯树双						
C2002 徐　平	C2003 彭子涵						
C2003 刘　晟	C2004 罗　娟						
C2004 杨　幸	C2006 蒋　顺						
C2005 胡明星	C2007 彭辉红						
C2006 李永东	C2008 王　茂						
C2007 王利华	C2011 曾　平						
C2008 赵　佳	C2012 吴声云						
C1808 罗丙辉	C1808 唐顺和						
C1809 杨　可	C1825 张　慧						
C1810 陈亚芳	C1827 林芳群						
C1811 谭新良	C1828 吴轶红						
C1801 彭玉兰	C1801 李　兴						
C1805 戴秋香	C1836 罗　果						
C1806 彭赛琼	C1829 张兰英						
C1807 周　俏	C1813 李　军						
C1901 李　瑛	C1901 周利瑜						

天易水竹学校	江声学校	班管经验的交流指导	开展班级联谊活动得分	美篇得分	外派校长和江声督导室的综合评价得分	学期结对活动总结	总分
C1902 胡胜余	C1935 尹　利						
C1903 刘建波	C1903 黄　灿						
C1904 李　馨	C1904 肖育红						
C1803 陈梦霞	C1809 蔡　芳						
C1910 左奇志	C1915 周盼君						

江声·花石

天易水竹学校	江声学校	班管经验的交流指导	开展班级联谊活动得分	美篇得分	外派校长和江声督导室的综合评价得分	学期结对活动总结	总分
C235 徐若澜	C1927 黄雄军						
C237 赵凌云	C2013 贺震宇						
C238 刘　瑶	C2014 刘双平						
C239 王振兴	C2027 吴学红						
C241 彭　稀	C2018 袁梦依						
C228 胡永赞	C1834 曾朝霞						
C229 陈　奇	C1806 罗美玲						
C230 苏　珍	C1816 肖清梅						
C231 胡　冰	C1811 胡永红						
C232 蒋仕琪	C1814 郭春伟						
C233 胡　丹	C1938 周　华						
C234 胡　阳	C1912 赵　英						
C236 胡　逸	C1914 张美文						

50

江声·锦石

锦石中学	江声学校	班管经验的交流指导	开展班级联谊活动得分	美篇得分	外派校长和江声督导室的综合评价得分	学期结对活动总结	总分
C1901 黄淑兰	C1928 盛　也						
C1902 赵必胜	C1936 刘大鹏						
C1903 吴秋辉	C1909 胡江平						
C2001 文　汶	C2020 陈　璐						
C2002 潘　倩	C2021 尹　艳						
C2004 杨　莹	C2039 李金龙						
C1801 阳国锋	C1819 陈　珍						
C1802 周利芳	C1822 相恒杰						
C1803 王　英	C1831 胡柏榆						
C1804 徐　进	C1823 伍利敏						
C1904 石　江	C1902 胡　焕						
C2003 阳溢项	C2036 胡双雪						

江声·严冲

严冲中学	江声学校	班管经验的交流指导	开展班级联谊活动得分	美篇得分	外派校长和江声督导室的综合评价得分	学期结对活动总结	总分
C156 刘　佩	C1919 许秋兰		6	3	8	5	22
C154 李　婷	C1835 张竹青						
C157 陈　倩	C2016 刘镇帮						

江声·梅林桥

梅林桥中学	江声学校	班管经验的交流指导	开展班级联谊活动得分	美篇得分	外派校长和江声督导室的综合评价得分	学期结对活动总结	总分
C109 楚　惠	C1833 刘　超						
C112 刘素芬	C1934 蔡虹瑛						
C113 何正霞	C2032 马晓燕						

江声·古塘桥

古塘桥中学	江声学校	班管经验的交流指导	开展班级联谊活动得分	美篇得分	外派校长和江声督导室的综合评价得分	学期结对活动总结	总分
C172 贺金华	C1931 周双辉						
C173 何飞球	C1921 赖　尔						
C175 彭　珊	C2025 蔡　萍						
C176 胡慧玲	C2026 彭　韬						
C170 谢裔群	C1805 唐丽娟						
C171 杨　娜	C1810 余　游						

江声·较场

较场中学	江声学校	班管经验的交流指导	开展班级联谊活动得分	美篇得分	外派校长和江声督导室的综合评价得分	学期结对活动总结	总分
C136 陈巧林	C1815 石春林						
C137 王　倩	C1837 张巧平						
C138 盛　恬	C1937 罗佳嘉						
C139 汤金娥	C1932 陈　婕						
C140 陈利华	C2029 唐紫钰						
C141 朱自平	C2028 刘争光						

中共湘潭县教育局委员会

潭教党字〔2017〕20号

关于万小当等同志职务任免的通知

各乡镇中心学校、县直学校、民办学校、局二级机构、局机关股室：

根据省教育厅、省编办、省财政厅、省人力资源和社会保障厅《关于推进县（市、区）域内义务教育学校校长教师交流轮岗工作的意见》（湘教发[2015]51号）、县编委《关于印发〈湘潭县教育局主要职责内设机构和人员编制规定〉的通知》（潭编委发〔2015〕57号）、县教育局《关于进一步明确乡镇中心学校、乡镇中学、局机关股室、二级机构岗位设置管理等事项的通知》（潭教党字〔2017〕19号）等文件精神，经民主测评、组织考察、局党委集体研究决定：

万小当同志任云湖桥镇中心学校副校长；

免去杨坚勇同志云湖桥镇中心学校业务副校长职务；

汤领同志任云湖桥镇云湖中学校长（试用期一年）；

郑领东同志任云湖桥镇烟山中学校长；

邓美锋同志任云湖桥镇良湖中学校长；

1

中共湘潭县教育局委员会

潭教党字[2018]39号

关于莫国强等同志任第一校长的通知

各乡镇中心学校、县直学校、民办学校、局机关各股室及二级机构：

根据湘潭县人民政府办公室《关于印发<湘潭县改革办学模式 促进教育均衡发展实施方案>的通知》（潭县政办函[2018]85号）文件精神，经民主推荐，组织考察，局党委集体研究决定：

莫国强同志任石鼓镇歇马中学第一校长（任期一年）；

艾正强同志任谭家山镇茶园中学第一校长（任期一年）；

刘金城同志任杨嘉桥镇杨嘉桥中学第一校长（任期一年）；

刘雄同志任茶恩寺镇茶恩中学第一校长（任期一年）；

李胤同志任花石镇龙口中学第一校长（任期一年）；

胡华同志任分水乡分水中学第一校长（任期一年）；

何耀同志任青山桥镇中心小学第一校长（任期一年）；

李洪科同志任排头乡中心小学第一校长（任期一年）；

杨桂英同志任射埠镇中心小学第一校长（任期一年）；

宋伟强同志任中路铺镇中云小学校长（任期一年）。

中共湘潭县教育局委员会

2018年8月10日

主送：各乡镇中心学校、县直学校、局二级机构

中共湘潭县教育局委员会　2018年8月10日印发

（共印50份）

湘潭县教育局

关于表彰湘潭县2017—2019年办学模式改革工作先进单位、先进个人的通报

各县直学校、乡镇中心学校、民办学校：

为加快推进我县教育工作向优质均衡方向发展，满足人民群众对优质教育的需求，根据《湘潭县人民政府办公室关于印发〈湘潭县改革办学模式促进教育均衡发展实施方案〉的通知》（潭县政办函〔2018〕85号）精神，我县在各中小学开展集团办学、融合办学、合作办学、帮扶办学实践活动，经过两个学年的实践，取得了丰硕的成果，涌现了一大批先进单位和先进个人。为巩固成果，并进一步推进办学模式改革工作，报县委、县政府批准，决定对2017—2019年办学模式改革工作的先进单位、先进个人进行表彰奖励（具体名单附后）。

希望全县各中小学校以促进公平、提升质量为原则，大力改革办学模式，真正实现县域优质教育资源共享，切实促进教育均衡发展，为建设幸福莲乡提供智力支持和人才保障。

附件：湘潭县2017—2019年办学模式改革工作先进单位、先进个人名单

湘潭县教育局

2019年6月24日

附件：

湘潭县 2017—2019 年
办学模式改革工作先进单位、先进个人名单

一、办学模式改革示范学校

云湖桥中学　龙口中学　茶园中学　分水中学
杨嘉桥中学　歇马中学　湘潭县九中　天易水竹学校
射埠镇中心小学　青山桥镇中心小学

二、湘潭县一中“校长实名推荐”示范学校

龙口中学　花石中学　锦石中学　古塘桥中学
歇马中学　县六中　较场中学　青山桥中学
古城中学　石潭中学　云湖中学　中路铺中学
乌石中学　茶园中学　排头中学　齐白石中学
茶恩中学　杨嘉桥中学　江声中学　天易水竹学校
县八中（初中部）

三、办学模式改革先锋奖

肖正章　周　建　贺美鑫　齐学军

四、办学模式改革工作先进奖

杨晓东　汤　颂　周海军　艾正强
莫国强　何　耀　杨桂英　李　胤
刘金成　胡　华　向　前　宋伟强

湘　潭　县　教　育　局

关于进一步深化湘潭县 2020—2021 年度办学模式改革的通知

各县直学校、民办学校及乡镇中心学校：

为巩固改革成果，进一步深化我县办学模式改革，加快推进我县教育从基本均衡向优质均衡发展，实现教育强县的目标，经局党委会研究决定，2020—2021 年度在全县教育系统扩大办学模式改革范围，拓展办学模式改革形式，现将相关工作通知如下：

一、前两年的改革实施单位，严格按照《湘潭县改革办学模式　促进教育均衡发展实施方案》落实相关保障措施。双方学校要继续加强合作交流，巩固改革成果。

二、结合我县实际，在学校自主申报的基础上，拟定下列单位为 2020—2021 年度改革实施单位：

1. 集团办学：

县一中与县九中、县四中、县二中组建湘潭县一中教育集团；云龙中学与县五中组建湘潭县云龙中学教育集团；凤凰中学与县十中组建湘潭凤凰教育集团；设立湘潭县云龙教育集团，辖天易云龙中学、云龙小学、云龙幼儿园、湘潭县少年军校。

2. 融合办学：

（1）江声实验中学与天易水竹学校继续实施融合办学（2018-2021 年），新增江声实验中学与花石中学（2020-2023 年）、锦石中学实施融合办学。

（2）镇内融合办学：易俗河镇的子敬学校（小学）与麦子石小学、百花小学与芝华小学、天易金霞小学与梅林小学实施镇内融合办学。

3. 合作办学：

派出学校	合作学校	学校所在乡镇中心校
江声中学	古塘桥中学	河口镇
	严冲中学	排头乡
	较场中学	分水乡
	梅林中学	易俗河镇
云龙中学	雁坪中学	杨嘉桥镇
	石潭坝中学	中路铺镇
凤凰初中	青山中学	青山桥镇
云龙小学	杨嘉桥镇中心小学	杨嘉桥镇

三、2020—2021 年度改革实施单位，继续按照《湘潭县改革办学模式　促进教育均衡发展实施方案》加强硬件建设、落实政策保障、加强经费保障，合作学校硬件改造任务优先列入 2020 年度建设规划，合作学校必备条件急需改善项目由局计财股优先配备改善。改革配套资金由县局申请预算追加，保障经费落实。

四、2020—2021 年度帮扶办学模式仍按原定集团联盟体系执行。

特此通知。

湘潭县教育局

2020 年 8 月 25 日

图书在版编目（CIP）数据

融合有声 / 肖正章主编 . -- 汕头：汕头大学出版社，2021.9
ISBN 978-7-5658-4385-3

Ⅰ . ①融… Ⅱ . ①肖… Ⅲ . ①民办中学－办学经验－湘潭 Ⅳ . ① G637

中国版本图书馆 CIP 数据核字 (2021) 第 150940 号

融合有声　　RONGHE YOUSHENG

主　　编：肖正章
责任编辑：李金龙
责任技编：黄东生
封面设计：王　妮
出版发行：汕头大学出版社
　　　　　广东省汕头市大学路 243 号汕头大学校园内　邮政编码：515063
电　　话：0754-82904613
印　　刷：长沙鸿发印务实业有限公司
开　　本：787mm×1092 mm　1/16
印　　张：15
字　　数：240 千字
版　　次：2021 年 9 月第 1 版
印　　次：2021 年 9 月第 1 次印刷
定　　价：78.00 元
ISBN　978-7-5658-4385-3